もくじ

古典編

古文に親しむ

1 竹取物語……4
2 枕草子……6
3 平家物語……8
4 徒然草……10
5 万葉集・古今和歌集・新古今和歌集……12
6 おくのほそ道……14

古文を読む

7 物語……16
8 随筆……18
9 和歌・古典の俳句……20

漢文に親しむ

10 矛盾・論語……22
11 絶句・春望……24

漢文を読む

12 漢文・漢詩……26

読解編

説明的文章

13 指示語・接続語……28
14 段落の構成・段落の要点……32
15 事実と考え・要旨……36

文学的文章

16 登場人物・場面……40
17 心情・理由……44
18 表現・主題……48

韻文

19 詩……52
20 短歌・俳句……54

会話・資料

21 話し合い・発表・グラフ……56

入試対策テスト①……58
入試対策テスト②……60
入試対策テスト③……62

数研出版公式キャラクター
数犬 チャ太郎

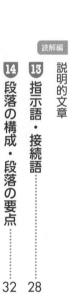

古文に親しむ

1 竹取物語《たけとりものがたり》

次の古文を読んで、後の問いに答えなさい。

解答⬇別冊2ページ

1 今は昔、竹取の翁《おきな》といふものありけり。野山にまじりて竹を取りつつ、[a]よろづのことに[b]使ひけり。名をば、[c]さぬきのみやつことなむいひける。その竹の中に、もと光る竹なむ一筋ありける。[d]あやしがりて、寄りて見るに、筒《つつ》の中光りたり。それを見れば、三寸ばかりなる人、いとうつくしうてゐたり。

色々なことに　使っていた。
「さぬきのみやつこ」と　いった。
根元が光っている竹が　一本あった。
近寄って　見ると、　筒の中が　光っている。　その中を　見ると、　三寸ほど（約九センチメートル）
かわいらしい様子で座《すわ》っていた。

(1) [a]「よろづ」[b]「使ひけり」を現代仮名遣《かなづか》いに直して、すべて平仮名で書きなさい。

a〔　　〕　b〔　　〕

(2) [c]「さぬきのみやつことなむいひける」とあるが、「なむ」という助詞があるときに文末が連体形（ここでは「ける」）に変化することを何というか、答えなさい。

〔　　〕

(3) [d]「あやしがりて」の意味として最も適当なものを次から選び、記号で答えなさい。

ア 残念に思って　イ 楽しくなって
ウ 不思議に思って　エ うれしくなって

〔　　〕

2 これやわが求むる山ならむと思ひて、さすがに恐《おそ》ろしくおぼえて、山のめぐりをさしめぐらして、二、三日ばかり、見歩《あり》くに、[a]天人のよそほひしたる女、山の中よりいで来て、銀《しろかね》の金鋺《かなまる》を持ちて、水をくみ歩く。これを見て、船より下りて、「この山の名を何とか申す。」と問ふ。女、答へていはく、「これは、蓬莱《ほうらい》の山なり。」と答《こた》ふ。これを聞くに、うれしきことかぎりなし。

その山、見るに、さらに登るべきやうなし。その山のそばひらをめぐれば、世の中になき花の木ども立てり。

私（くらもちの皇子《みこ》）は
山の周りを　（船で）こぎ回らせて、
なんというのですか。
この上もなくうれしい。
全く登る方法がない。　その山の
斜面《しゃめん》のすそを　回ってみると、

金《こがね》・銀・瑠璃《るり》色の水、山より流れいでたり。それには、色々の玉の橋渡《わた》せり。そのあたりに、照り輝《かかや》く木ども立てり。

（さまざまな）（玉でできた橋が渡してある。）


その中に、この取りて[b]まうで来たりしは、いとわろかりしかども、[c]のたまひしに違《たが》はましかばと、この花を折りてまうで来たるなり。

（ここに取って）（質がよくないものでしたが、あなた（かぐや姫）が）（違《ちが》っては（いけないだろう）と思って、）（この花を）（折って）

(1) 古文中の会話文に「 」がついていない部分が一つある。その部分を第一段落から抜《ぬ》き出しなさい。（句読点を含《ふく》む。）

［　　　　］

(2) [a]「天人のよそほひしたる女、山の中よりいで来て」の「女」の下に補う助詞として最も適当なものを次から選び、記号で答えなさい。

ア に　イ が　ウ と　エ も

［　　　　］

(3) ①[b]「まうで来たりしは」②[c]「のたまひしに」の意味として最も適当なものをそれぞれ後から選び、記号で答えなさい。

① 「まうで来たりしは」

ア 参りましたのは　イ お持ちするためには
ウ いらっしゃいましたのは　エ 来てもらったのは

［　　　　］

② 「のたまひしに」

ア 申し上げたものと　イ うわさされていたものと
ウ おっしゃったものと　エ お聞きになったものと

［　　　　］

3

御文《おほんふみ》、不死の薬の壺《つぼ》並べて、火をつけて燃やすべきよし仰《おほ》せたまふ。

（（帝《みかど》は）お手紙と、）（ご命令になる。）

[a]そのよしうけたまはりて、士《つはもの》どもあまた具して山へ登りけるよりなむ、その山を「ふじの山」とは名づけける。
（そのことを）（承《うけたまわ》って、）（（使者が）兵士たちをたくさん連れて山に登った）（ことから、）

その煙《けぶり》、[b]いまだ雲の中へ立ち上るとぞ、言ひ伝へたる。

(1) [a]「そのよし」とあるが、どのようなことか。次の文の空欄《くうらん》にあてはまる言葉を、古文中から八字で抜き出しなさい。

・帝が、かぐや姫が残したお手紙と不死の薬を□ようにと、ご命令になったこと。

□□□□□□□□

(2) [b]「いまだ雲の中へ立ち上るとぞ、言ひ伝へたる」から、係りの助詞を抜き出しなさい。

［　　　　］

2 古文に親しむ 枕草子《まくらのそうし》

次の古文を読んで、後の問いに答えなさい。

解答 ➡ 別冊2ページ

1

春は[a]あけぼの。[b]やうやう《次第に》白くなりゆく山ぎは、すこしあかりて、紫《むらさき》だちたる《紫がかった》雲のほそくたなびきたる《たなびいている（のがよい）》。

夏は夜。月のころはさらなり《言うまでもないが、》、闇《やみ》も[c]なほ《やはり、》、蛍《ほたる》の多く飛びちがひたる《飛び交《か》っている（のがよい）。》。また、ただ一つ二つなど、ほのかにうち光りて行くも[d]をかし。雨など降るもをかし。

(1) 「あけぼの」「をかし」の意味を答えなさい。

a［　　　　］　d［　　　　］

(2) 「やうやう」「なほ」を現代仮名遣《かなづか》いに直して、すべて平仮名で書きなさい。

b［　　　　］　c［　　　　］

(3) 夏のよいものとして挙げられていないものを次から選び、記号で答えなさい。

ア 月　イ 蛍が飛ぶところ

ウ 薄暗《うすぐら》い場所　エ 雨が降るところ

［　　　　］

2

秋は夕暮れ。夕日のさして《夕日が差して》山の端《は》いと近《ちか》うなりたるに《山の端にとても近くなったときに、》、烏《からす》の寝《ね》どころへ行くとて、三《み》つ四《よ》つ《三羽四羽、》、二つ三つ《二羽三羽》など、[a]飛びいそぐさへあはれなり。まいて《まして》雁《かり》などのつらねたるが《連なって飛んでいるのが、》、いと小さく見ゆるはいとをかし。日入《い》り果てて《日がすっかり沈《しず》んで、》、風の音《おと》、虫の音《ね》など、はた言ふべきにあらず《これもまた言いようもない。》。

冬はつとめて《早朝（がよい）。》。雪の降りたるは言ふべきにもあらず、霜《しも》のいと白きも、またさらでも《またそうでなくとも》いと寒きに、火などいそぎおこして、[b]炭もて渡《わた》るもいとつきづきし。昼になりて、ぬるくゆるびもて《（寒さが）だんだん緩《ゆる》んで》いけば《いくと、》、火桶《ひをけ》の火も白き灰がちになりてわろし。

(1) 「飛びいそぐさへあはれなり」の意味として最も適当なものを次から選び、記号で答えなさい。

ア 飛び急いでいることだけが残念である

イ 飛び急いでいるのまでもしみじみとした趣《おもむき》がある

ウ 飛び急いでいくからこそ美しいものだと感じさせる

エ 飛び急ぐことすらかわいそうだと思う

［　　　　］

(2) 秋のよいものとして挙げられているものについて説明した次の文の空欄《くうらん》にあてはまる言葉を、それぞれ古文中から抜《ぬ》き出して答えなさい。

・秋の〔①　〕に烏や〔②　〕が飛んでいるのがよい。また、日が暮れて〔③　〕や〔④　〕などが聞こえるのもよい。

(3) 「[b]炭もて渡るもいとつきづきし」の意味として最も適当なものを次から選び、記号で答えなさい。

ア 炭を持って川を渡るのも冬は一苦労だ
イ 炭を持って廊下《ろうか》を渡るのも冬に似つかわしい
ウ 炭を持ちなさいと言いながら川を渡るのも冬に似つかわしい
エ 炭を持ちなさいと言いながら廊下を渡るのも冬は一苦労だ

〔　　〕

(4) 冬のよくないものとして挙げられているものは何か。次の文の空欄にあてはまる言葉を、古文中から四字で抜き出しなさい。

・寒さが緩んだ昼頃《ごろ》に、□□□□も白い灰ばかりになっていること。

3

雪のいと高《たこ》う降りたるを、例ならず御格子《みかうし》まゐりて、
いつもと違《ちが》って御格子《こうし》をお下ろししたままで、
炭櫃《すびつ》に火おこして、物語などして集まりさぶらふに、
いろりに　（私たち女房《にょうぼう》が）話などをして（中宮定子《ちゅうぐうていし》様のおそばに）集まっていると、
「少納言《せうなごん》よ、香炉峰《かうろほう》の雪いかならむ。」と[a]仰《おほ》せらるれば、
どんなだろう。　とおっしゃるので、
御格子上げさせて、[b]御簾《みす》を高く上げたれば、笑はせたまふ。
（私は女官《にょかん》に）御格子を上げさせて、　（定子様は）お笑いになる。
人々も、「さる事は知り、歌などにさへうたへど、
人々（そばにいた女房たち）も、そういうこと
思ひこそよらざりつれ。なほこの宮の人にはさべきなめり。」
思いつきもしなかった。　やはりこの宮に　お仕えする人としてふさわしいようだ。
と言ふ。

(1) 「[a]仰せらるれば」「[b]御簾を高く上げたれば」の動作主をそれぞれ次から選び、記号で答えなさい。

ア 清少納言《せいしょうなごん》　イ 中宮定子
ウ そばにいた女官　エ ほかの人々

a〔　　〕　b〔　　〕

(2) この文章の内容にあてはまるものを次から選び、記号で答えなさい。

ア 清少納言は採用試験に合格し中宮定子に仕えた。
イ 清少納言は人々に推薦《すいせん》されて中宮定子に仕えた。
ウ 清少納言は中宮定子の期待通りの行動をとった。
エ 清少納言は人々の期待通りの行動をとった。

〔　　〕

古文に親しむ 3 平家物語《へいけものがたり》

次の古文を読んで、後の問いに答えなさい。

解答 ⬇ 別冊3ページ

1

[a]祇園精舎《ぎをんしやうじや》の鐘《かね》の声、諸行《しよぎやう》無常の響《ひび》きあり。沙羅双樹《しやらさうじゆ》の花の色、盛者必衰《じやうしやひつすい》の理《ことわり》をあらはす。〔勢いの盛《さか》んな者も必ず衰《おとろ》えるという道理〕おごれる人も久《ひさ》しからず、〔権勢におごっている人も長くは続かず、〕ただ春の夜《よ》の夢のごとし。たけき者〔勢いの盛んな者〕もつひには滅《ほろ》びぬ、[b]ひとへに風の前の塵《ちり》に同じ。

(1) [a]「祇園精舎の鐘の声～盛者必衰の理をあらはす」に使われている表現技法を次から選び、記号で答えなさい。

ア 対句《ついく》　イ 直喩《ちよくゆ》　ウ 倒置《とうち》　エ 反復

〔　　〕

(2) [b]「ひとへに」を現代仮名遣《かなづか》いに直して、すべて平仮名で書きなさい。

〔　　〕

(3) この文章を貫《つらぬ》く思想として最も適当なものを次から選び、記号で答えなさい。

ア 無常観　イ 性善説　ウ 浄土信仰《じようどしんこう》　エ 民主主義

〔　　〕

2

ころは二月《にんぐわつ》十八日の酉《とり》の刻ばかり〔午後六時頃《ごろ》の〕のことなるに、をりふし〔折から〕北風激しくて、磯《いそ》打つ波も高かりけり。舟《ふね》は、揺《ゆ》り上げ揺りすゑ漂《ただよ》へば、扇《あふぎ》もくしに定まらず〔扇《あふぎ》も串《くし》（竿《さお》）にあって定まらずに〕ひらめいたり。[a]沖には平家《へいけ》、舟を一面に並べて見物す。陸《くが》には源氏《げんじ》、くつばみを〔馬のくつわを〕並べてこれを見る。いづれもいづれも晴れならずといふことぞ〔晴れがましくないということは〕なき。[b]与一《よいち》〔（那須《なすの》）与一は〕目をふさいで、

「南無八幡大菩薩《なむはちまんだいぼさつ》、我《わ》が国の神明《しんめい》〔我が故郷の神々の、〕、日光《につくわう》の権現《ごんげん》、宇都宮《うつのみや》、那須《なす》の湯泉大明神《ゆぜんだいみやうじん》、願はくは、あの扇の真ん中射させてたばせたまへ。これを射損ずるものならば、弓切り折り自害して、人に二度《ふたたび》面《おもて》を向かふべからず。〔顔を合わせるつもりはない。〕いま一度《いちど》本国へ迎《むか》へんとおぼしめさば、この矢はづさせたまふな。」

と心のうちに祈念《きねん》して、目を見開いたれば、風も少し吹《ふ》き弱り、扇も射よげになつたりける。

(1) 「沖には平家……くつばみを並べてこれを見る」[a]は対句になっている。対になっている内容を次のようにまとめた。表の空欄《くうらん》にあてはまる言葉を、それぞれ古文中から抜《ぬ》き出しなさい。

どこで	誰《だれ》が	何をしながら	どうする
沖	①〔　　〕	舟を一面に並べて	見物す
②〔　　〕	源氏	③〔　　〕を並べて	これを見る

(2) 「与一」[b]はどのような気持ちで矢を射ようとしているか。最も適当なものを次から選び、記号で答えなさい。

ア 風が強く舟が揺れるのできっと外すだろうという気持ち。
イ この矢を射るのは自分ではなく故郷の神だという気持ち。
ウ 必ず当てるのだという、死を覚悟《かくご》するほどの強い気持ち。
エ 当てても外しても、もう故郷には帰れないという気持ち。

〔　　〕

3

与一、かぶらを取ってつがひ、よつぴいてひやうど放つ。
（かぶら矢を　取って（弓に）つがえ、　引き絞《しぼ》って）
小兵《こひやう》といふぢやう、十二束三伏《そくみつぶせ》、弓は強し、浦響《うらひび》くほど長鳴り
（小柄《こがら》な武士とはいいながら、　（矢の長さは）十二束三伏で、　長くうなりを）
して、あやまたず扇の要《かなめ》ぎは一寸ばかりおいて、ひいふつとぞ
（立てて、　間違《まちが》いなく　一寸（約三センチメートル）ほど）
射切つたる。かぶらは海へ入《い》りければ、扇は空へぞ上がりける。
しばしは虚空《こくう》にひらめきけるが、春風に一《ひと》もみ二《ふた》もみもまれて、
海へさつとぞ散つたりける。夕日のかかやいたるに、みな紅《ぐれなゐ》の
（輝《かがや》いているところに、　真っ赤な）
扇の日出《い》だしたるが、白波の上に漂ひ、浮《う》きぬ沈《しづ》みぬ
（扇で金色の日の丸を描《か》いたものが、）
揺られければ、沖には平家、ふなばたをたたいて感じたり、
（舟の端《はし》を）
陸には源氏、えびらをたたいてどよめきけり。
（えびら（矢を入れる道具）を）

(1) 古文中から、擬音《ぎおん》語を五字以内で二つ、抜き出しなさい。

□□□□□　□□□□□

(2) 「海へさつとぞ散つたりける」について答えなさい。

① 係りの助詞を抜き出しなさい。〔　　〕
② 文末「ける」の活用形を答えなさい。〔　　〕
③ この部分の係り結びはどのような意味を表しているか。次から選び、記号で答えなさい。
ア 強調　イ 疑問　ウ 反語
〔　　〕

4 古文に親しむ 徒然草《つれづれぐさ》

次の古文を読んで、後の問いに答えなさい。

解答⬇別冊3ページ

1

a つれづれなるままに、b 日暮らし、硯《すずり》に向かひて、心に
うつりゆくよしなし事を、そこはかとなく書きつくれば、
浮かんでは消えていくとりとめもないことを、何というあてもなく 書きつけていると、
c あやしうこそものぐるほしけれ。
妙《みょう》に 心騒《こころさわ》ぎがすることだ。

(1) ①「つれづれなるままに」②「日暮らし」の意味として最も適当なものをそれぞれ後から選び、記号で答えなさい。

①「つれづれなるままに」
ア いたずら心がふいにわいて
イ 仲間たちと一緒《いっしょ》にいるまま
ウ することがなく退屈《たいくつ》なのに任せて
エ 無常観に気持ちが支配されて
［　　］

②「日暮らし」
ア 日々の暮らしの中で　イ 一日中
ウ 一日分のお金しかなく　エ その日だけ
［　　］

(2) 「あやしう」を現代仮名遣《かなづか》いに直して、すべて平仮名で書きなさい。
［　　］

2

仁和寺《にんなじ》にある法師、年寄るまで石清水《いはしみづ》を拝まざりければ、
いる 年を取るまで 石清水八幡宮《いわしみずはちまんぐう》を
心うく覚えて、あるとき思ひたちて、ただ一人、徒歩《かち》より
残念に 思われて、 思い立って、
詣《まう》でけり。極楽寺《ごくらくじ》・高良《かうら》などを拝みて、かばかりと心得て
(山の麓《ふもと》の)極楽寺・高良《こうら》神社 これだけと 思い込《こ》んで
帰りにけり。

さて、かたへの人にあひて、「年ごろ思ひつること、
仲間に 向かって、 長年
果たしはべりぬ。聞きしにも過ぎて、尊くこそ a おはしけれ。
果たしました。 尊くいらっしゃった。
そも、参りたる人ごとに山へ登りしは、何事かありけん、
それにしても、
ゆかしかりしかど、b 神へ参るこそ本意《ほい》なれと思ひて、
知りたかったけれど、
山までは見ず。」とぞ言ひける。

c 少しのことにも、先達《せんだち》はあらまほしきことなり。
その道の先導者はあってほしいものである。

(1) 「おはしけれ」を現代仮名遣いに直して、すべて平仮名で書きなさい。
［　　］

(2) [b]「神へ参るこそ本意なれ」について答えなさい。

① 係りの助詞を抜《ぬ》き出しなさい。 〔　　〕

② 文末「なれ」の活用形を答えなさい。 〔　　〕

(3) [c]「少しのことにも、先達はあらまほしきことなり」と筆者が述べた理由として最も適当なものを次から選び、記号で答えなさい。

ア 自分の本意にこだわるあまり、極楽寺・高良神社という有名な寺社を参拝しないで帰った法師がいたから。

イ 石清水八幡宮を参拝するのは法師にとって大切なことなのに、長年放置したまま、参拝しない者がいたから。

ウ 山に登ることを面倒《めんどう》がって山の上にある石清水八幡宮を参拝しなかったのに、参拝したとうそをつく法師がいたから。

エ 石清水八幡宮を参拝しに来たのに、山の上にあると知らず、麓《ふもと》の寺や神社だけを参拝して帰ってしまった法師がいたから。 〔　　〕

3

家の作りやうは（作り方は、）、夏をむねとすべし（中心とするのがよい。）。冬は、いかなる所にも住まる（住める。）。暑きころわろき住居《すまひ》は、堪《た》へがたきことなり。

深き水は、涼《すず》しげなし。浅くて流れたる、はるかに涼し。細かなる物を見るに、遣戸《やりど》は蔀《しとみ》の間《ま》よりも明《あ》かし（(左右に開く)遣戸は(上下に開く)蔀の部屋よりも明るい。）。天井《てんじやう》の高きは、冬寒く、灯《ともしび》暗し。造作《ざうさく》は（家の建て方は、）、用なき所を作りたる、見るもおもしろく、万《よろづ》の用にも立ちてよしとぞ、人の定め合ひはべりし。

(1) 家の作り方や建て方として、よいと書かれているものを次からすべて選び、記号で答えなさい。

ア 夏を中心に作ること。

イ 深いところに水を流すこと。

ウ 明るさがほしければ、蔀の部屋にすること。

エ 天井が高いこと。

オ 用途《ようと》のない場所を作ること。 〔　　〕

(2) 「人の定め合ひはべりし」の意味として最も適当なものを次から選び、記号で答えなさい。

ア 人々が話し合ったのでした

イ 人々が話し合われたのだ

ウ 人々が話し合ったのだ

エ 人々が話し合いをしたのだ 〔　　〕

この「はべり」は丁寧《ていねい》語の補助動詞として使われているね。

古文に親しむ 5 万葉集《まんようしゅう》・古今和歌集《こきんわかしゅう》・新古今和歌集《しんこきんわかしゅう》

チャート式シリーズ参考書 >> 第11章 1・3・5・5

次の問いに答えなさい。

解答 ⬇ 別冊4ページ

1 『万葉集』『古今和歌集』『新古今和歌集』について説明した各文の空《くう》欄《らん》にあてはまる言葉を、後の□からそれぞれ選んで答えなさい。

・『万葉集』は日本最古の歌集で、天皇から庶民《しょみん》まで幅広《はばひろ》い人々の歌を収めている。歌風は「〔①　　〕」といわれ、素直《すなお》で力強い歌が多い。代表歌人には天武《てんむ》天皇や〔②　　〕や大伴《おおともの》家持《やかもち》などがいる。

・『古今和歌集』は〔③　　〕時代の歌集。歌風は「〔④　　〕」といわれ、優美で繊細《せんさい》な歌が多い。撰者《せんじゃ》は紀貫之《きのつらゆき》など。代表歌人には〔⑤　　〕などがいる。

・『新古今和歌集』は鎌倉《かまくら》時代の歌集。感情的・象徴《しょうちょう》的に、技巧《ぎこう》を凝《こ》らして詠《よ》んだ歌が多い。撰者は〔⑥　　〕など。代表歌人には式子内親王《しょくしないしんのう》や西行法師《さいぎょうほうし》などがいる。

幽玄《ゆうげん》	たをやめぶり	ますらをぶり	
平安	江戸《えど》	在原業平《ありわらのなりひら》	柿本人麻呂《かきのもとのひとまろ》	藤原定家《ふじわらのさだいえ》

2

A 春過ぎて夏来《きた》るらし白たへの衣《ころも》干したり天《あめ》の香具山《かぐやま》　持統《じとう》天皇

（白たへ：真っ白な）

B 多摩《たま》川にさらす手作りさらさらに何そこの児《こ》のここだ愛《かな》しき　東歌《あずまうた》

（多摩川で洗う 手織りの布のように、さらにさらに どうしてこの子がこんなにも愛しいのか。）

(1) Aの和歌は、句切れが二つある。何句切れと何句切れか、漢字または漢数字で答えなさい。

〔　　〕句切れと〔　　〕句切れ

句切れとは、一首の意味上の切れ目のことだね。

(2) Bの和歌について説明した次の文の空欄にあてはまる言葉を後から選び、記号で答えなさい。

・「東歌」は東国の庶民の歌である。□に対する愛しい思いを率直に詠んでいる。

ア 子ども　イ 親　ウ 女性　エ 男性

〔　　〕

3

A　山里は冬ぞさびしさまさりける人目も草もかれぬとおもへば　源宗于《みなもとのむねゆき》

山里は冬にさびしさが募《つの》るものだ。人の訪れも絶えて、草も枯《か》れてしまうと思うと。

B　秋来《き》ぬと目にはさやか《はっきりとは》に見えねども風の音にぞおどろかれぬる　藤原敏行《ふじわらのとしゆき》

C　ちはやぶる神世《かみよ》も聞かずたつた河《がは》から紅《くれなゐ》に水くくるとは　在原業平

ちはやぶる神世でも聞いたことがない。（紅葉《もみじ》が）竜田川《たつたがわ》を鮮《あざ》やかな紅色《べにいろ》にくくり染めにするとは。

D　むすぶ手の滴《しづく》ににごる山の井《ゐ》のあかでも人にわかれぬる哉《かな》　紀貫之

すくう手から落ちるしずくで濁《にご》って少ししか飲めない山の井戸《いど》のように、満足できないままあなたと別れてしまうのだなあ。

(1)　A～Dの和歌のうち、五・七・五・七・七の短歌の形式に合っていないものを選び、記号で答えなさい。　〔　　〕

(2)　A～Dの和歌のうち、係り結びが使われているものをすべて選び、記号で答えなさい。　〔　　〕

(3)　A・Dの和歌には、次のような技法が使われている。その技法を何というか。それぞれ後から選び、記号で答えなさい。

A…「人目も草もかれぬ」の「かれぬ」に、「人目が離《か》れる（人の訪れが絶える）」と「草が枯れる」の二つの意味を重ねている。

D…「あかでも（満足できないまま）」を導くために、満足できないものとして「むすぶ手の滴ににごる山の井の」が置かれている。

ア　縁語《えんご》　イ　掛詞《かけことば》　ウ　序詞《じょことば》　エ　字余り

A〔　　〕　D〔　　〕

(4)　Cの和歌は何句切れか。漢字または漢数字で答えなさい。　〔　　〕句切れ

(5)　Cの和歌に使われている技法を次からすべて選び、記号で答えなさい。

ア　枕詞　イ　掛詞　ウ　倒置《とうち》　エ　対句《ついく》　〔　　〕

4

A　道の辺《べ》に清水《しみづ》流るる柳《やなぎ》かげしばしとてこそ立ちどまりつれ　西行法師

道のほとりに

B　駒《こま》とめて袖《そで》うちはらふ陰《かげ》もなし佐野《さの》のわたりの雪の夕暮れ　藤原定家

馬に乗って進んでいるが、その馬をとめて雪をはらう物陰もない。佐野の渡《わた》し場辺りの雪が降る夕暮れどきよ。

(1)　Aの和歌に詠まれている季節を、漢字一字で答えなさい。　〔　　〕

(2)　Bの和歌は、『万葉集』の「苦しくも降り来る雨か三輪《みわ》の崎狭野《さきさの》の渡りに家もあらなくに」という歌を取り入れて、深みをもたせている。この技法を何というか。次から選び、記号で答えなさい。

ア　字足らず　イ　隠喩《いんゆ》　ウ　本歌取《ほんかど》り　エ　序詞　〔　　〕

6 古文に親しむ
おくのほそ道《みち》

次の古文を読んで、後の問いに答えなさい。

解答 ➡ 別冊4ページ

1

[a]月日は百代《はくたい》《永遠の》の過客《くわかく》《旅人で、》にして、行きかふ年もまた旅人なり。舟《ふね》《舟の上で》の上に生涯《しやうがい》《一生を暮らす船頭や、》を浮《う》かべ、馬の口とらへて《馬のくつわを取って》老いを迎《むか》ふる《老いていく》者は、《馬子《まご》は、》[b]日々旅にして旅をすみかとす。[c]古人《こじん》《（詩歌《しいか》の道を究《きわ》めた）昔の人々》も多く旅に死せるあり。予《よ》も[d]いづれの年よりか、片雲《へんうん》《ちぎれ雲のように》の風にさそはれて、漂泊《へうはく》の思ひやまず、海浜《かいひん》にさすらへて、去年《こぞ》の秋、江上《かうしやう》《川のほとりのあばらやに（帰り）》の破屋《はをく》に蜘蛛《くも》の古巣をはらひて《払《はら》って（住むうちに）、》、やや年も暮れ、[e]春立てる霞《かすみ》《立春の霞の立つ》の空に、白河《しらかは》の関[f]越《こ》えむと、そぞろ神《がみ》《人をそわそわさせる神が乗り移って》の物につきて心をくるはせ、道祖神《だうそじん》《（道の分かれ目にまつられている）道祖神が》の招きにあひて、取るもの手につかず、股引《ももひき》の破れをつづり、笠《かさ》の緒《を》付けかへて、三里《さんり》《（足を丈夫《じょうぶ》にするという）三里に》に灸《きう》すゆるより、松島《まつしま》の月まづ心にかかりて、住めるかたは人に譲《ゆづ》りて、杉風《さんぷう》が別墅《べつしよ》《別荘《べっそう》に》に移るに、

[g]草の戸《草庵《そうあん》》も住み替《か》はる代《よ》ぞ雛《ひな》《雛人形》の家

面八句《おもてはちく》を庵《いほり》の柱に懸《か》け置く。《（この句を発句《ほっく》とした）二つ折りにした四枚の紙の、一枚目の表側に書く八句を》

---

(1) [a]「月日」は何にたとえられているか。古文中から二字で抜《ぬ》き出しなさい。

(2) [b]「日々旅にして旅をすみかとす」とあるが、日々旅をし、旅をすみかとしているのは誰と誰か。現代語で、それぞれ十五字程度で書きなさい。

(3) [c]「古人も多く旅に死せるあり」とあるが、筆者は「古人」に対しどのような思いでいるか。最も適当なものを次から選び、記号で答えなさい。

ア 哀惜《あいせき》　イ 軽蔑《けいべつ》　ウ 残念　エ 憧《あこが》れ

〔　　〕

(4) [d]「いづれ」[f]「越えむ」を現代仮名遣《かなづか》いに直して、すべて平仮名で書きなさい。

d〔　　〕　f〔　　〕

(5) e「春立てる霞の空」の「立てる」は、「立春」の「立」と「霞が立つ」の「立つ」をかけたものである。このように一つの語に複数の意味を重ねる技法を何というか。次から選び、記号で答えなさい。

ア 枕詞《まくらことば》　イ 序詞《じょことば》　ウ 掛詞《かけことば》　エ 縁語《えんご》　〔　　〕

(6) g「草の戸も住み替はる代ぞ雛の家」について答えなさい。

① 何句切れか。漢字または漢数字で答えなさい。〔　　〕句切れ

② 句の解釈《かいしゃく》についてまとめた次の文の空欄《くうらん》にあてはまる言葉を、それぞれアは一字、イは三字で答えなさい。

・ア□に出ることにしたので、自分が住んでいた草庵《そうあん》は人に譲《ゆず》った。自分が住んでいた頃《ころ》はわびしい家の様子だったが、住む人が替わった今は、イ□□□などがにぎやかに飾《かざ》られることだろう。

2

三代の栄耀一睡《えいよういっすい》のうちにして、（（藤原《ふじわら》氏）三代の栄華《えいが》は）大門《だいもん》の跡《あと》は一里こなたにあり。秀衡《ひでひら》が跡は田野《でんや》になりて、金鶏山《きんけいざん》のみ形を残す。まづ、高館《たかだち》（（源義経《みなもとのよしつね》の居館の跡の）高館）に登れば、北上川《きたかみがは》南部より流るる大河なり。衣川《ころもがは》は、和泉《いづみ》が城《じやう》をめぐりて、高館の下にて大河に落ち入る。a泰衡《やすひら》らが旧跡《きうせき》は、衣《ころも》が関《せき》を隔《へだ》てて南部口をさし固め、夷《えぞ》を防ぐと見えたり。さても義臣すぐつて（それにしても（義経が）忠臣をえりすぐって）この城に籠《こ》もり、功名一時の草むらとなる。「国破れて山河あり、城春にして草青みたり」と笠《かさ》打ち敷《し》きて、時のうつるまで涙《なみだ》を落としはべりぬ。

b夏草や兵《つはもの》どもが夢の跡

(1) a「泰衡らが旧跡は」の「が」を現代語訳したときの助詞として最も適当なものを次から選び、記号で答えなさい。

ア に　イ は　ウ と　エ の　〔　　〕

(2) b「夏草や兵どもが夢の跡」の鑑賞文《かんしょうぶん》として最も適当なものを次から選び、記号で答えなさい。

ア 今は草むらとなっているが、かつてここで栄華を誇《ほこ》った、勇猛《ゆうもう》な武士がいたので、草も生き生きと茂《しげ》っていると詠《よ》んだ。

イ 今は草むらとなっている辺りに、昔は栄華を誇っていた人たちがいたことを思い、その人たちを夢に見たと詠んだ。

ウ 栄華を誇っていた藤原氏が、中央政権にたてついたことで跡形もなく滅《ほろ》ぼされていたのを見て、権力の非情さを詠んだ。

エ 栄華を誇った藤原氏の住んでいた跡が、今は草むらであるのを見て、時の移り変わりにさびしさを覚えたことを詠んだ。

〔　　〕

古文を読む

7 物語

チェック　解答↓別冊5ページ

1 次の――部を現代仮名遣《かなづか》いに直して、すべて平仮名で書きなさい。

(1) 海の上に漂《ただよ》へる山　〔　　〕

(2) あひ戦《たたか》はむ心《こころ》もなかりけり。　〔　　〕

(3) この花を折りてまうで来《き》たるなり。　〔　　〕

2 次の――部の意味として最も適当なものをそれぞれ後から選び、記号で答えなさい。

(1) いといたくよろこびて、のたまふ、

ア 拝見する　イ おっしゃる
ウ いらっしゃる　エ ご覧になる　〔　　〕

(2) 翁《おきな》、皇子《みこ》に申すやう、

ア 申し上げる　イ お聞きになる
ウ お会いする　エ いただく　〔　　〕

(3) 玉の枝を作りたまふ。

ア 作ります　イ 作るべきだ
ウ お作りになる　エ 作るだろう　〔　　〕

3 次の――部の意味として最も適当なものをそれぞれ後から選び、記号で答えなさい。

(1) え戦はぬなり。

ア 戦いたくないのだ　イ 戦うことはできないのだ
ウ 戦わないのだ　エ 戦いたいのだ　〔　　〕

(2) 天人具して、昇りぬ。

ア 連れて　イ 持って　ウ 並べて　エ 置いて　〔　　〕

4 次の――部の動作主をそれぞれ古文中から抜《ぬ》き出しなさい。

(1) 春のはじめより、かぐや姫《ひめ》、月のおもしろう（すばらしく）いでたるを見て、つねよりも、もの思ひたる（思い悩んでいる）さまなり。在る人の、「月の顔見るは、忌《い》むこと。（月の表面を見るのは、不吉《ふきつ》なことです。）」と制しけれども、ともすれば、人間《ひとま》（人のいない隙《すき》にも、）にも、月を見ては、いみじく（たいそう）泣きたまふ。　〔　　〕

(2) このことを、帝《みかど》、聞こしめして（（かぐや姫が月に帰ることを）お聞きになって、）、竹取が家に（竹取（の翁）の家に、）、御使《おほんつか》ひつかはさせたまふ（使者を派遣《はけん》なされる。）。御使ひに、竹取いで会ひて（対面して、）、泣くことかぎりなし。このことを嘆《なげ》くに、鬚《ひげ》も白く、腰《こし》もかがまり（曲がり、）、目もただれにけり。　〔　　〕

トライ　解答 ➡ 別冊5ページ

次の古文を読んで、後の問いに答えなさい。

ふと天《あま》の羽衣《はごろも》うち着せたてまつりつれば、翁《おきな》を、[a]「いとほし、かなし。」と思《おぼ》しつることも失《う》せぬ。この衣《きぬ》着つる人は、もの思ひなくなりにければ、車に乗りて、百人ばかり天人具して、[b]昇《のぼ》りぬ。

その後《のち》、翁、嫗《おうな》、血の涙《なみだ》を流して[c]惑《まど》へど、かひなし。あの書き置きし文《ふみ》を読みて聞かせけれど、[d]「なにせむにか命も惜《を》しからむ。誰《た》がためにか。何事も用もなし。」とて、薬も食はず。やがて起きもあがらで、病《や》み臥《ふ》せり。

中将《ちゆうじやう》、人々引き具して帰り参りて、かぐや姫を、え戦ひとめずなりぬること、こまごまと奏す。薬の壺《つぼ》に御文《おほんふみ》添《そ》へて参らす。ひろげて御覧《ごらん》じて、いとあはれがらせたまひて、物もきこしめさず。御遊びなどもなかりけり。大臣、上達部《かんだちめ》を召して、「いづれの山か天に近き。」と[e]問はせたまふに、ある人奏す、「駿河《するが》の国にあるなる山なむ、この都も近く、天も近くはべる。」と奏す。

(天人《てんにん》がかぐや姫に)さっと天の羽衣を着せて差し上げると、
もの思いが消えてしまうので、
空を飛ぶ車に乗って、
(月へ)昇った。
おばあさん
どうしようもない。(かぐや姫が)書き置いた手紙
何のために命が惜しいだろうか、いや惜しくない。
(かぐや姫が置いていった不死の)薬
(帝《みかど》の側近の)中将は、(竹取の翁の家に派遣された)人々を
(帝に)申し上げる。
(かぐや姫の)お手紙　差し上げる。
しみじみとお感じになられて、
何もお召《め》し上がりにならない。音楽の演奏などもなくなった。
大臣や、上達部(位の高い人たち)
お尋《たず》ねになると、
駿河の国(今の静岡県の東部)

(『竹取物語』より)

---

(1) [a]『いとほし、かなし。』と思しつること」の意味として最も適当なものを次から選び、記号で答えなさい。

ア「気の毒だ、かわいそうだ。」とお思いになっていたこと
イ「いとしい、かわいい。」と思っていたこと
ウ「つらい、苦しい。」とお思いになっていたこと
エ「かわいそうだ、困る。」と思っていたこと

〔　　　〕

(2) [b]「昇りぬ」[e]「問はせたまふ」の動作主をそれぞれ次から選び、記号で答えなさい。

ア 天人　イ かぐや姫　ウ 翁
エ 中将　オ 帝

b〔　　　〕　e〔　　　〕

(3) [c]「惑へど、かひなし」を現代仮名遣いに直して、すべて平仮名で書きなさい。

〔　　　　　　　〕

(4) [d]「なにせむにか命も惜しからむ。誰がためにか。何事も用もなし」と、翁や嫗が言ったのはなぜか。最も適当なものを次から選び、記号で答えなさい。

ア 手紙を読むことができなかったから。
イ 薬は帝に差し上げるものだから。
ウ 年を取ってしまったから。
エ かぐや姫がいなくなったから。

〔　　　〕

古文を読む 8 随筆《ずいひつ》

チェック 解答↓別冊6ページ

1 次の——部を現代仮名遣《かなづか》いに直して、すべて平仮名で書きなさい。

(1) またあぢきなし。〔　　〕

(2) かたへなる者《もの》の〔　　〕

(3) さうなきものにて〔　　〕

(4) かうろ、と言ふ、くちをし。〔　　〕

2 次の文から係りの助詞をそれぞれ抜《ぬ》き出し、文末の活用形を書きなさい。また、その係り結びが表す意味をそれぞれ後から選び、記号で答えなさい。

(1) 家居《いへゐ》のつきづきしく、あらまほしきこそ、仮の宿りとは思へど、興あるものなれ。

係りの助詞〔　　〕 文末の活用形〔　　〕

表す意味〔　　〕

(2) 文《ふみ》の詞《ことば》などぞ、昔の反古《ほうご》どもはいみじき。

係りの助詞〔　　〕 文末の活用形〔　　〕

表す意味〔　　〕

ア 強調　イ 疑問　ウ 反語

3 次の——部の動作主をそれぞれ古文中から抜き出しなさい。

(1) 筑紫《つくし》に、なにがしの押領使《あふりやうし》などいふやうなるもののありけるが、土大根《つちおほね》を万《よろづ》にいみじき薬とて、朝ごとに二つづつ焼きて食ひける事、年久しくなりぬ。〔　　〕

筑紫の国（今の九州）　押領使（罪人の鎮定《ちんてい》、逮捕《たいほ》などをする役人）　大根　すべてのことにすぐれた薬

(2) 牛を売る者あり。買ふ人、明日その値《あたひ》をやりて、牛を取らんといふ。〔　　〕

4 次の〔　〕の部分は助詞が省略されている。どの助詞を補うのが適当か。それぞれ後から選び、記号で答えなさい。

(1) 玉垣《たまがき》しわたして、榊《さかき》にゆふ〔　〕懸《か》けたるなど、いみじからぬかは。〔　　〕

神社を囲む垣根を巡《めぐ》らせて、　楮《こうぞ》の繊維《せんい》から作った布　すばらしくないことはあろうか。

(2) 或人《あるひと》〔　〕、法然上人《ほふねんしやうにん》に、「念仏の時、睡《ねぶり》にをかされて行《ぎやう》を怠《おこた》り侍《はべ》る事、いかがして、この障《さは》りをやめ侍らん。」と申しければ、〔　　〕

眠気《ねむけ》に襲《おそ》われて　修行《しゅぎょう》　妨《さまた》げをとめましょうか。

ア を　イ に　ウ が　エ と

トライ

解答⬇別冊6ページ

次の古文を読んで、後の問いに答えなさい。

〔「山には猫《ねこ》またがいて、人を食う。」とある人が話したところ、別の人が「この辺りでも年を取った猫が猫またになって、人をとらえることがある。」と言った。〕

何阿弥陀仏《なにあみだぶつ》とかや、連歌《れんが》しける法師の、《何とか阿弥陀仏とかいう、連歌を仕事のようにしていた法師で、》行願《ぎやうぐわん》寺のほとりにありけるが
聞きて、《(猫またの話を)聞いて、》一人歩《あり》かん身は心すべきことにこそと《気をつけなければならないことだと》思ひける頃《ころ》しも、《ちょうどその頃、》
ある所にて夜更《よふ》くるまで連歌して、ただ一人帰りけるに、小川《こがは》の端《はた》にて、
音に聞きし《うわさに聞いた》猫また、あやまたず《ねらいどおり》足もとへふと寄り来て、やがて
かきつくままに、《飛びつくやいなや、》首のほどを食はんとす。肝心《きもごころ》も失《う》せて、《正気も失って、》防がんとするに、
力もなく、足も立たず、小川へ転び入りて、「助けよや。猫また。[a] よやよや。《おういおうい。》」
と叫《さけ》べば、家々より、松《松明《たいまつ》》ども灯《とも》して走り寄りて見れば、このわたりに《この辺りで》
見知れる僧《そう》なり。
「こはいかに。」《これはどうしたことだ。》とて、川の中より抱《いだ》き起こしたれば、[b]
連歌の賭物《かけもの》取りて、《賞品として取った、》扇《あふぎ》・小箱など懐《ふところ》に持ちたりけるも、水に入りぬ。
希有《けう》にして《かろうじて》助かりたるさまにて、はふはふ《はうようにして》家に入りにけり。
飼ひける犬の、暗けれど主《ぬし》を知りて、飛びつきたりけるとぞ。

(『徒然草』より)

---

(1) 猫またの話を聞いた法師は、どのようなことを思ったのか。古文中から十六字で抜き出しなさい。

(2) 「猫また」[a] とあるが、これは実際のところ何だったのか。古文中から五字で抜き出しなさい。

(3) 「抱き起こしたれば」[b] の動作主を次から選び、記号で答えなさい。

ア 法師　イ 猫また
ウ 近所の人　エ 猫またの話をした人

〔　〕

(4) この話のおもしろさはどのようなところにあるか。その説明として最も適当なものを次から選び、記号で答えなさい。

ア 連歌で賞品を得るという法師にふさわしくない行いのために猫またに襲《おそ》われたところ。
イ 人のうわさをよく確かめもせず信じたことで、多くの財産を失うことになったところ。
ウ 猫またのことを考えていた法師が、違《ちが》うものを猫まただと勘違《かんちが》いして慌《あわ》てたところ。
エ ほかの人ならなんでもないことを、法師なのに身動きできなくなるほど怖《こわ》がったところ。

〔　〕

古文を読む

9 和歌・古典の俳句

チェック 解答↓別冊6ページ

1 次の和歌から枕詞《まくらことば》を抜《ぬ》き出しなさい。

(1) あしひきの山のしづくに妹《いも》待つとわれ立ち濡《ぬ》れぬ山のしづくに　大津皇子《おほつのみこ》

〔　　〕

(2) たらちねの母が手離《はな》れかくばかりすべなきことはいまだせなくに　よみ人しらず

〔　　〕

2 次の和歌は何句切れか。漢字または漢数字で答えなさい。

(1) 熟田津《にきたつ》に船《ふな》乗りせむと月待てば潮《しほ》もかなひぬ今は漕《こ》ぎ出《い》でな　額田王《ぬかたのおほきみ》

〔　　〕句切れ

(2) 天《あま》つ風雲の通ひ路《ぢ》吹《ふ》きとぢよをとめの姿しばしとどめむ　僧正遍昭《そうじやうへんぜう》

〔　　〕句切れ

(3) さびしさはその色としもなかりけり真木《まき》たつ山の秋の夕暮《ゆふぐ》れ　寂蓮法師《じやくれんほふし》

〔　　〕句切れ

3 次の俳句から季語を抜き出し、その季節を漢字一字で答えなさい。

(1) 五月雨《さみだれ》をあつめて早し最上川《もがみ》　松尾芭蕉《まつをばせう》

季語〔　　〕　季節〔　　〕

(2) むざんやな甲《かぶと》の下のきりぎりす　松尾芭蕉

季語〔　　〕　季節〔　　〕

4 次の俳句から切れ字を抜き出しなさい。

(1) 象潟《きさかた》や雨に西施《せいし》がねぶの花　松尾芭蕉

〔　　〕

(2) 田一枚植ゑて立ち去る柳《やなぎ》かな　松尾芭蕉

〔　　〕

(3) 月天心《つきてんしん》貧しき町を通りけり　与謝蕪村《よさぶそん》

〔　　〕

5 次の俳句は何句切れか。漢字または漢数字で答えなさい。

(1) さみだれや大河を前に家二軒《にけん》　与謝蕪村

〔　　〕句切れ

(2) これがまあつひの栖《すみか》か雪五尺《ゆきごしやく》　小林一茶《こばやしいつさ》

〔　　〕句切れ

チャート式シリーズ参考書 ≫ 第11章 3・4・5-5 6

トライ

解答⬇別冊7ページ

次の和歌と俳句を読んで、後の問いに答えなさい。

A　父母が頭《かしら》かき撫《な》で幸《さ》くあれて言ひし言葉《けとば》ぜ忘れかねつる　防人歌《さきもりのうた》

頭をなでて　無事であるようにと　言葉が忘れられない。

B　新《あらた》しき年の初めの初春《はつはる》の今日降る雪のいやしけ吉事《よごと》　大伴家持《おほとものやかもち》

今日降る雪のようにさらに重なれ、よいことが。

C　月見ればちぢに物こそ悲しけれわが身ひとつの秋にはあらねど　大江千里《おほえのちさと》

さまざまにもの悲しい思いが浮《う》かぶ。私一人だけに来た秋ではないけれど。

D　ながむれば衣手《ころもで》涼《すず》しひさかたの天《あま》の川原の秋の夕暮れ　式子内親王《しよくしないしんわう》

自分の着物の袖《そで》が涼しくなった。

E　古池《ふるいけ》や蛙《かはづ》飛びこむ水のおと　松尾芭蕉

F　菜の花や月は東に日は西に　与謝蕪村

(1)　A～Dの和歌のうち、二句切れの歌と三句切れの歌をそれぞれ一つずつ選び、記号で答えなさい。

二句切れ［　］　三句切れ［　］

(2)　A～Fの和歌と俳句のうち、体言止めが使われているものをすべて選び、記号で答えなさい。

［　］

(3)　次の文はA～Dの和歌のどれについて説明したものか。それぞれ記号で答えなさい。

①　衣服の感覚から、季節の爽《さわ》やかさを詠《よ》んだ歌で、枕詞が使われている。『新古今和歌集《しんこきんわかしゅう》』に収められている。［　］

②　秋の月から呼び起こされたもの悲しさを詠んだ歌で、係り結びが使われている。『古今和歌集《こきんわかしゅう》』に収められている。［　］

③　名もなき庶民《しょみん》の詠んだ歌で、親子の愛が表現されている。『万葉集《まんようしゅう》』に収められている。［　］

④　新春を迎《むか》えた喜びを詠んだ歌で、比喩《ひゆ》を用いて、未来への希望を表現している。『万葉集』に収められている。［　］

(4)　E・Fの俳句について答えなさい。

①　それぞれ季語を抜き出し、その季節を漢字一字で書きなさい。

E　季語［　］　季節［　］

F　季語［　］　季節［　］

②　E・Fの俳句の鑑賞文《かんしょうぶん》として最も適当なものを、それぞれ次から選び、記号で答えなさい。

ア　夕暮れ時の自然の様子を壮大《そうだい》なスケールで詠んでいる。

イ　動物が立てた音が耳に残るほどの静寂《せいじゃく》を感じさせる。

ウ　暗い中、かすかな音を頼《たよ》りに歩くさびしさが読み取れる。

エ　これから始まる一日への期待を花に込《こ》めて詠んでいる。

E［　］　F［　］

10 矛《む》盾《じゅん》・論《ろん》語《ご》

次の漢文を読んで、後の問いに答えなさい。

解答 ➡ 別冊7ページ

1

楚《そ》人《ひと》に盾《たて》と矛《ほこ》とを鬻《ひさ》ぐ者有り。
（楚の国の人に　売る　者がいた。）

之《これ》を誉《ほ》めて曰《い》はく、「吾《わ》が盾の堅《かた》きこと、能《よ》く陥《とほ》すもの莫《な》きなり。」と。
（堅いことといったら、（これを）突《つ》き通せるものはない。）

又《また》其《そ》の矛を誉めて曰はく、「吾が矛の利なること、物に於《お》いて陥さざる無きなり。」と。
（鋭《するど》いことといったら、どんな物でも突き通せないものはない。）

或《ある》ひと曰はく、「子《し》の矛を以《もつ》て、子の盾を陥さば何如《いかん》。」と。（a）
（あなたの）

其の人応ふること能《あた》はざるなり。（b）
（できなかったのである。）

（『韓非子《かんびし》』より）

(1) 盾と矛を売っていた楚の国の人は、自分の売る盾と矛について、どのように言っているか。次の文の空欄《くうらん》にあてはまる言葉を、現代語で答えなさい。

① 盾…突き通せるものがないほど〔　　　　〕。

② 矛…突き通せないものがないほど〔　　　　〕。

(2) a「子の矛を以て、子の盾を陥さば何如」を現代語に直して答えなさい。

〔　　　　〕

(3) b「其の人応ふること能はざるなり」とあるが、その理由を説明した次の文の空欄にあてはまる言葉を、漢文中から抜《ぬ》き出しなさい。

・突き通せるものがない〔①　　　　〕と、突き通せないものがない〔②　　　　〕は、同時に存在できないことに気がついたから。

(4) この話からできた言葉の意味として最も適当なものを次から選び、記号で答えなさい。

ア 実力がないのに威張《いば》っていること。
イ 意味のないことをすること。
ウ うそをつく人のこと。
エ つじつまが合わないこと。

〔　　　　〕

(5) このように、中国の古い話をもとにつくられ、特別な意味で使われるようになった言葉を何というか。漢字四字で答えなさい。

「漁夫《ぎょふ》の利《り》」「蛇足《だそく》」なども(5)の言葉だよ。それぞれの意味も覚えよう。

2

〔書き下し文〕子《し》曰《い》はく、「学びて時に之《これ》を習ふ、亦《また》説《よろこ》ばしからずや。（教わったことを繰《く》り返し復習するのは、）□、亦楽しからずや。人知らずして慍《うら》みず、（人が（自分を）認めてくれなくても）亦[a]君子ならずや。」と。

〔訓読文〕子 曰《ハク》、「[b]学《ビテ》而 時《ニ》習《フ》之《ヲ》、不《ず》二亦 説《バシカラ》一乎《や》。有《リ》下朋《とも》自《より》二遠 方一来《タル》上、不《ず》二亦 楽《シカラ》一乎《や》。人 不《シテ》レ知《ラ》[c]而 不レ慍《ミ》、不二亦 君 子《ナラ》一乎《ト》。」

（『論語』より）

(1) □にあてはまる言葉を答えなさい。

〔　　〕

(2) 「[a]君子」とはどんな人のことか。次から選び、記号で答えなさい。

ア 主君　イ 人格者　ウ 孔子　エ 男

〔　　〕

(3) 「[b]学而時習之」に、書き下し文を参考にして返り点をつけなさい。

学《ビテ》 而 時《ニ》 習《フ》 之《ヲ》

(4) 「[c]而」のように、訓読するときに読まない漢字を何というか、答えなさい。

〔　　〕

3

〔書き下し文〕子曰はく、「□、以《もっ》て師たるべし。」と。

〔訓読文〕子 曰《ハク》、「温《メテ》レ故《ふるキヲ》而 知《レバ》レ新《シキヲ》、可《べシト》以《テ》為《たル》師 矣。」

（『論語』より）

(1) □にあてはまる言葉を答えなさい。

〔　　〕

(2) 「可以為師矣」について答えなさい。

① 書き下し文を参考にして返り点をつけなさい。

可《シト》 以《テ》 為《ル》 師 矣

② 「可以為師矣」の中で、訓読するときに読まない字はどれか。一字を抜き出しなさい。

〔　　〕

(3) この文章をもとにつくられた言葉の意味として最も適当なものを次から選び、記号で答えなさい。

ア 古い習慣にとらわれて、全く進歩がないこと。
イ 過去のことや学説を研究して、新しい知識を得ること。
ウ 相手を冷たい目で見たり、扱《あつか》ったりすること。
エ 少しの違《ちが》いだけで本質的には差がないこと。

〔　　〕

11 漢文に親しむ　絶句・春望

次の漢詩を読んで、後の問いに答えなさい。

解答 ➡ 別冊8ページ

1

絶句　杜甫《とほ》

江《かう》は碧《みどり》にして鳥は逾《いよい》よ白く
長江《ちょうこう》は澄《す》んだみどりで　いっそう
山は青くして花は然《も》えんと欲《ほっ》す
燃えるように（赤く）咲《さ》いている
今春看《みすみ》す又《また》過ぐ
今年の春も見ている間にまた過ぎていく
何《いづ》れの日か是《こ》れ帰年ならん
（故郷へ）帰る年が来るのだろうか

江ハ碧ニシテ鳥ハ逾ヨ白ク
山ハ青クシテ花ハ欲レス然エント
今春看ス又過グ
何レノ日カ是レ帰年ナラン

(1) この詩の形式を次から選び、記号で答えなさい。

ア 五言《ごごん》絶句　イ 五言律詩《りっし》
ウ 七言絶句　エ 七言律詩

〔　　〕

「言」は文字数を、「絶句」「律詩」は行数による違《ちが》いを表しているよ。

(2) この詩の中で対句《ついく》になっているのは第何句と第何句か。漢数字で答えなさい。

第〔　　〕句と第〔　　〕句

(3) この詩の中に出てくる色を四つ答えなさい。

〔　　〕〔　　〕〔　　〕〔　　〕

(4) この詩の「然」と「年」のように、句末に同じ響《ひび》きの音が用いられることを何というか。

〔　　〕

(5) この詩の鑑賞文《かんしょうぶん》をまとめた次の文の空欄《くうらん》①②にあてはまる言葉を、それぞれ漢詩中から抜《ぬ》き出しなさい。また、空欄③にあてはまる言葉を後から選び、記号で答えなさい。

・起句《きく》では〔①　　〕という中国の大きな川とそこにいる鳥の姿を、承句《しょうく》では〔②　　〕と花の様子を歌い、春を迎《むか》えた自然の美しさを描《えが》いている。転句と結句《けっく》では時の流れを感じて込《こ》み上げる〔③　　〕を歌い、さびしさを強調している。

ア 望郷の思い　イ 人間が行う自然破壊《はかい》
ウ 出世の願い　エ 老いることへの不安

2　春望　杜甫

国破れて山河在り
城春にして草木《そうもく》深し
時に感じては花にも涙《なみだ》を濺《そそ》ぎ
時勢に悲しみを感じては　落とし
別れを恨《うら》んでは鳥にも心を驚《おどろ》かす
烽火三月《ほうくわさんげつ》に連なり
戦いののろしは三か月も続き
a家書万金《ばんきん》に抵《あた》る
家族からの手紙は大金に値《あたい》する(ほど貴重である)
白頭搔《か》けば更《さら》に短く
ますます抜けてさらに少なくなり
渾《す》べて簪《しん》に勝《た》へざらんと欲《ほっ》す
全くかんざしで冠《かんむり》を留められない

国破レテ山河在リ
城春ニシテ草木深シ
感ジテハレ時ニ花ニモ濺ギレ涙ヲ
恨ンデハレ別レヲ鳥ニモ驚カスレ心ヲ
烽火連ナリ二三月一ニ
家書抵ル二万金一ニ
白頭搔ケバ更ニ短ク
渾ベテb欲ス不ざラント勝ヘ簪ニ

(1) この詩の形式を漢字四字で答えなさい。

□□□□

(2) 韻《いん》を踏《ふ》んでいる漢字をすべて抜き出しなさい。

〔　　　〕

(3) この詩では対句になっているところが三か所ある。第何句と第何句か、それぞれ漢数字で答えなさい。

第〔　〕句と第〔　〕句
第〔　〕句と第〔　〕句
第〔　〕句と第〔　〕句

(4) 「a家書万金に抵る」から、作者がどのような状況《じょうきょう》にあることがわかるか。次の文の空欄にあてはまる言葉を答えなさい。

・戦乱のため〔　　　〕がなかなか届かない状況。

(5) 「b欲不勝簪」に、書き下し文を参考にして返り点をつけなさい。

欲ス 不ざラント 勝ヘ 簪ニ

(6) この詩の内容として最も適当なものを次から選び、記号で答えなさい。

ア 自然は明るく時を謳歌《おうか》しているのに、人間たちはくだらない争いを続けていることを嘆《なげ》いている。
イ 自分はもう白髪《しらが》になるような年なのに、故郷を離《はな》れたまま戦場で人を傷つけ続けることを悲しく思っている。
ウ 世情も安定せず、満足な暮らしもできないまま、家族と離れた場所で時が過ぎていくのを苦悩《くのう》している。
エ 昔の栄光も今は影《かげ》もなく、戦争ですべてが破壊《はかい》され何も残らない人間の営みを憂《うれ》いている。

〔　　　〕

12 漢文・漢詩

チェック 解答 ➡ 別冊8ページ

1 次の訓読文を書き下し文に直しなさい。

(1) 知《ルヲ》レ之《これヲ》為《なシ》レ知《ルト》レ之《ヲ》、不《ざルヲ》レ知《ラ》為《ス》レ不《ずト》レ知《ラ》。

〔　　　　〕

(2) 己《おのれノ》所レ不《ざル》レ欲《ほつセ》、勿《なカレ》レ施《ほどこスコト》二於人《ニ》一。

〔　　　　〕

2 次の漢文に、書き下し文を参考にして返り点をつけなさい。

(1) 有《レバ》備《ヘ》無《シ》憂《うれヒ》。

〔書き下し文〕備へ有れば憂ひ無し。

(2) 五十《ニシテ》而知《ル》天命《ヲ》。

〔書き下し文〕五十にして天命を知る。

3 漢詩の形式について説明した次の文の空欄《くうらん》にあてはまる言葉を答えなさい。

(1) 一句(一行)が五字で四句(四行)からなる漢詩を〔　　　　〕という。

(2) 一句(一行)が五字で八句(八行)からなる漢詩を〔　　　　〕という。

(3) 一句(一行)が〔　　〕字で四句(四行)からなる漢詩を七言絶句という。

(4) 一句(一行)が七字で〔　　〕句(行)からなる漢詩を七言律詩という。

4 次の漢詩の技法やきまりを何というか、それぞれ答えなさい。

(1) 形や意味が対照的な語句を並べる技法。〔　　　　〕

(2) 句末に同じ響《ひび》きの音を用いる技法。〔　　　　〕

(2)は詩の形式によって、どの句末に用いられるかが決まっているよ。

トライ　解答➡別冊9ページ

1 次の漢文を読んで、後の問いに答えなさい。

〔書き下し文〕子曰《しい》はく、「之《これ》を知る者は、之を好む者に如《し》かず。之を好む者は□。」と。

（之を知る者は：何かを詳《くわ》しく知っている人）
（如かず：及《およ》ばない。）

〔訓読文〕子 曰《ハク》、「知《ル》レ之《ヲ》者《ハ》、不如好之者。好《ム》レ之《ヲ》者《ハ》、不《ト》レ如《カ》二楽《シム》レ之《ヲ》者《ニ》一。」

（『論語』より）

(1) □にあてはまる言葉を答えなさい。

〔　　　　〕

(2) 「不如好之者」に、書き下し文を参考にして訓点をつけなさい。

不　如　好　之　者

(3) この漢文の内容をまとめた次の文の空欄にあてはまる言葉を、それぞれ答えなさい。

・何かを詳しく知っている人は、何かを〔①　　　　〕人に及ばない。何かを〔①　　　　〕人は、何かを〔②　　　　〕人に及ばない。

---

2 次の漢詩を読んで、後の問いに答えなさい。

江雪《かうせつ》　　柳宗元《りうそうげん》

千山鳥飛絶え《せんざんてうひ》
山々からは飛ぶ鳥の姿は消え
万径人蹤滅す《ばんけいじんしょうめつ》
どの道からも人の足跡《あしあと》が消える
孤舟蓑笠の翁《こしうさりふ》《をう》
一そうの舟《ふね》に蓑《みの》と笠《かさ》を着けた翁《おきな》が乗っていて
独り釣《つ》る寒江の雪
独り釣りをする、寒々とした川に雪が降り続く中で

千山鳥飛絶《エ》
万径人蹤滅《ス》
孤舟蓑笠《ノ》翁
独《リ》釣《ル》寒江《ノ》雪

(1) この詩の形式を何というか。漢字四字で書きなさい。

□□□□

(2) この詩の中で、対句《ついく》になっているのは第何句と第何句か。漢数字で答えなさい。

第〔　　〕句と第〔　　〕句

(3) 「翁」はどのような格好をして、どのような情景の中、何をしているか。それぞれ現代語で書きなさい。

① どのような格好　〔　　　　〕

② どのような情景の中　〔　　　　〕

③ 何をしているか　〔　　　　〕

13 指示語・接続語

チェック 解答→別冊9ページ

1 次の各文の――部が指している言葉をそれぞれ抜《ぬ》き出しなさい。

(1) 公園には、青い小さな花が咲《さ》いていた。調べてみると、それはネモフィラという植物だとわかった。〔　　〕

(2) まっすぐ行った所に、赤い屋根のお店が見えますね。あちらで少し休憩《きゅうけい》しましょう。〔　　〕

(3) 私が生きていくうえで大切にしている言葉は、これです。「千里の道も一歩から」。〔　　〕

2 次の各文の空欄《くうらん》にあてはまる接続詞をそれぞれ後から選び、記号で答えなさい。

(1) ランチセットの飲み物は、コーヒー□紅茶のうち、一つを選ぶことができます。〔　　〕

(2) 明日は全国的に秋晴れとなるそうだ。□、この天気はしばらく続くらしい。〔　　〕

(3) 百貨店に買い物に出かけた。□、欲《ほ》しかった品物は手に入らなかった。〔　　〕

ア だから　イ ところが　ウ しかも
エ または　オ すなわち　カ では

3 次の文章を読んで、後の問いに答えなさい。

多文化共生社会においては、「人と人とが理解し合うことは難しいのだ」ということを、まずしっかりと心得ておくことが大切です。日本人どうしが、日本語でコミュニケーションをしていても、なかなか理解し合えないものです。ましてや文化の異なる人たちと、互《たが》いに理解し合うことは、より困難だといえるでしょう。

しかし、大切なのは、そこで諦《あきら》めないことです。対話の困難さを互いが認めたからこそ、相手の発言内容をできるだけ的確に聞き取ろうとし、自分の伝えたいことをわかりやすく伝える工夫《くふう》をする。①こうした努力をすることにより、少しずつであっても、互いの理解が深まっていき、相手からの信頼《しんらい》を得ることもできるのです。

ですから、②このような状況《じょうきょう》においては、相手から批判されたり反対されたりしても、決して恐《おそ》れることはないのです。確かに、人から批判されたり、反対意見を言われたりすると、心が落ちこんでしまうかもしれません。でも、「自分の意見に反対された」「批判を受けた」ということは、「自分の意見には反対されるだけの価値がある」、ということなのです。相手の批判や反対意見を恐れず、むしろ、③それらを出してもらうことにより、「自分の視野が広がって、相手との相互《そうご》理解が深まった」、そう思える感覚を身につけることこそが大切なのです。

（多田孝志《ただたかし》「『対話力』とは何か」〈平成二十八年度版「伝え合う言葉　中学国語3」教育出版〉より）

(1) 「こうした努力」①とは、どのような努力か。次から選び、記号で答えなさい。

ア 相手の発言内容を真剣《しんけん》に聞き、受け入れようとする努力。
イ 話の内容を的確に聞いたり、わかりやすく伝えたりする努力。
ウ 対話の困難さを認めて、互いに距離《きょり》をとろうとする努力。
エ 多言語を用いて、相手にわかる言語で伝える努力。

〔　　〕

(2) 「このような状況」②とは、どのような状況か。次の文の空欄A・Bにあてはまる言葉を、文章中からそれぞれ二字で抜き出しなさい。

・文化の異なる人たちが、努力することで、ようやく互いの A が深まり、相手からの B を得られるという状況。

A □□　B □□

(3) 「それら」③の指す内容を、文章中から七字で抜き出しなさい。

□□□□□□□

4 次の文章を読んで、後の問いに答えなさい。

私たち人間は、地球以外の星に住むことができるのでしょうか。その可能性を探《さぐ》ってみることにします。

人間が他《ほか》の星に移り住むためには、「地球からの距離」と「生きていける環境《かんきょう》」が重要な条件になります。

最初に、月はどうでしょうか。月は地球から最も近い天体であり、人間がすでに到達《とうたつ》したことがある唯一《ゆいいつ》の星です。

A、残念ながら月には水も大気もほとんどありません。水は、人間の体をつくるものであり、水がない環境では人間は生きてはいけません。X、大気というのは、熱を逃《のが》さない毛布のような役割を果たします。大気がないと、その星の温度は急激に下がったり、上がったりしてしまうため、安定しません。大気がない星というのは、人間が生きていくには厳しい環境だといえます。B、月は重力も地球の六分の一程度しかありません。C、月は人間が生きていける環境の条件を満たしていません。

次に、地球からの距離が近い金星はどうでしょうか。金星は大きさや質量が地球に近いので、重力も地球とほぼ同じです。「地球の姉妹惑星《わくせい》」と呼ばれるほどです。もし人間が金星に住んでも、重力の変化による体の負担はほとんどないと考えられます。

X、金星には、月にはなかった大気もあります。ただし、その九六パーセントが二酸化炭素でできています。そのため、二酸化炭素による温室効果によって、金星の表面温度は五〇〇度近くもあり、たとえ水があったとしても、全て蒸発してしまいます。人間が生きていくために欠かせない水を確保することは難しいようです。

（渡部潤一《わたなべじゅんいち》「人間は他の星に住むことができるのか」〈平成二十八年度版「現代の国語2」三省堂〉より）

(1) 文章中の空欄A〜Cにあてはまる言葉をそれぞれ次から選び、記号で答えなさい。

ア あるいは　イ そのうえ　ウ したがって　エ しかし

A〔　　〕　B〔　　〕　C〔　　〕

(2) 文章中の二つの空欄Xに共通してあてはまる言葉を次から選び、記号で答えなさい。

ア だから　イ なぜなら　ウ また　エ つまり

〔　　〕

トライ

解答⬇別冊10ページ

次の文章を読んで、後の問いに答えなさい。

思想の持つ力の強さを決めているのは、影響《えいきょう》力です。

どんなに素晴《すば》らしい思想でも、誰《だれ》にも影響を与《あた》えることができなければ、その思想は存在していないのと同じです。ですから、①その思想が正しい正しくないという問題とは別のところで、思想の力の有無《うむ》は決まっているのです。

そういう意味で、ダーウィン*の進化論*はとても大きな力を持った思想だと言えます。

ダーウィンの進化論は、科学的推論であると同時に一個の思想でもあります。

なぜ進化論を思想だと言えるのかと言うと、進化論が、単に生物の進化を説明するだけのものではなく、他の分野や事象を説明する際にも、応用して用いることができるものだからです。

私たちはいま、「進化」という言葉を生物以外の分野でもよく使います。

［A］、「会社としてこれから進化していかなければいけない」といった場合、それは、社会の状況《じょうきょう》や需要《じゅよう》の変化などに応じて、不適切なものは切り捨てて、適応できるものを拡大させることで会社を発展させていこうというニュアンスになるのですが、そうしたことまでいちいち説明しなくても、「進化」という言葉を使ったときに、みんなが②そういうことだと共通の認識《にんしき》を持つことができます。

［B］、すでに「進化（エボリューション）」という言葉が、会社とか個人とか集団とか、あらゆる分野で使えるワードになっているということです。

もちろん、最初からそうだったわけではありません。

日本にダーウィンの進化論が初めて入ってきたときには、誰も「進化」という言葉を知りませんでした。それが、自然科学の分野からスタートし、次《し》

---

(1) 文章中の空欄《くうらん》A〜Cにあてはまる言葉をそれぞれ次から選び、記号で答えなさい。

ア ところが　イ つまり

ウ たとえば　エ なぜなら

A〔　〕 B〔　〕 C〔　〕

(2) ①「その思想が正しい正しくないという問題とは〜思想の力の有無は決まっている」とあるが、それはなぜか。次の文の空欄にあてはまる言葉を文章中から十字以内で抜《ぬ》き出しなさい。

・その思想に力があるかどうかは、多くの人々に［　］ができるかどうかで決まるから。

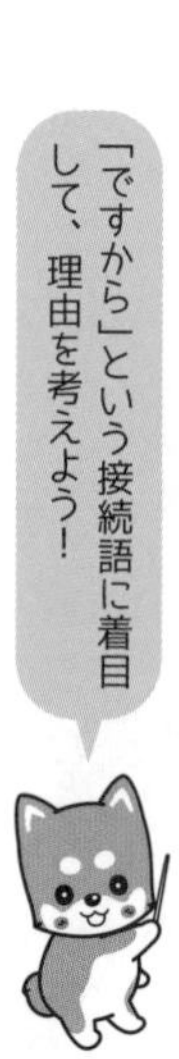
「ですから」という接続語に着目して、理由を考えよう！

(3) ②「そういうこと」の指す内容として最も適当なものを次から選び、記号で答えなさい。

ア 「進化」という言葉は、生物の進化を説明するだけのものではなく、他の分野や事象を説明する際にも用いられるということ。

イ 「進化」という言葉は、その意味をいちいち詳《くわ》しく説明しなくても、誰もがよく知っている言葉だということ。

ウ ここでの「進化」とは、科学的推論ではなく、一般社会の事象を説明するのに用いられる思想の一つだということ。

エ ここでの「進化」とは、状況の変化に応じて不適切なものを切り捨て、さらなる発展をめざすという意味だということ。

〔　〕

第《だい》に広がっていき、やがて自然科学とは縁《えん》のない人たちの間でも「進化論って知ってる?」「進化っていうのはさぁ」といった感じで盛り上がりを見せるようになり、言葉として一般《いっぱん》化していったのです。

実は、思想が影響力を持つ過程においては、③このように言葉として流行するということが、すごく大事なことなのです。

[C]「進化って、こういうことらしいよ」という説明がなされるときに、もちろんサルから人間にというもともとの解説もなされるのですが、それ以上に、適者生存的なものとか、突然《とつぜん》変異とか、そういういくつかのワードが口の端《は》に上り、そうしたワードを含《ふく》めた概念《がいねん》としての「進化」という言葉が、人々の意識の中に組み込《こ》まれていくからです。

言葉は概念として浸透《しんとう》することで、世界を説明する体系となり、それをさらにアレンジすることでいろいろな分野に応用できるということがわかってくると、④その言葉を使うこと自体がおもしろくなっていきます。ましてやそれが新しい言葉であれば、使うこと自体がカッコイイということにもなります。

すごいらしいのだけれど、難しすぎて使えないものよりは、そこそこでも使えるもののほうが流行《はや》るのは、そこに言葉を使うことの楽しみがあるからなのです。

そういう意味では、ダーウィンの進化論というのは、生物学という狭《せま》い学問領域を越《こ》えた思想としての力が強かったので、人々の思考の枠《わく》組みにまで入り込むことになったのだと思います。

（齋藤孝《さいとうたかし》「齋藤孝のざっくり！西洋思想――3つの『山脈』で2500年をひとつかみ」より）

＊ダーウィン　イギリスの博物学者。進化論を提唱した。

＊進化論　生物は、環境《かんきょう》に適合したものが生き残り、適合できなかったものが滅《ほろ》びるという過程を経て、進化してきたという学説。

---

(4) ③「このように言葉として流行する」とあるが、「流行」の過程について具体的に書かれている部分を一続きの二文で探し、初めの五字を抜き出しなさい。

(5) ④「その言葉」とあるが、どのような言葉か。次の文の空欄a・bにあてはまる言葉をaは二十五字以内で答え、bは文章中から十三字で抜き出しなさい。

・[a]ことで、それをアレンジすれば[b]という言葉。

a

b

(6) この文章に書かれている内容として最も適当なものを次から選び、記号で答えなさい。

ア　ダーウィンの進化論は、科学に関心が薄《うす》い人にそれらの言葉を使う楽しみをもたらすことによって流行した思想にすぎない。

イ　ダーウィンの進化論は、生物学の領域を越え、人々の意識に浸透し、影響を与えたという点で大きな力をもった思想である。

ウ　ダーウィンの進化論の科学的正しさは、それが人々の意識に浸透し、世界を説明する体系となった事実からも明らかである。

エ　ダーウィンの進化論は、科学的推論としては無力だが、他の分野や事象を説明する際に応用できる思想としてすぐれている。

［　　］

説明的文章

14 段落の構成・段落の要点

チェック　解答↓別冊10ページ

1 次の各文を「起承転結」の順になるように並べかえ、記号で答えなさい。

ア 県大会直前に、監督《かんとく》が突然《とつぜん》病気で入院してしまう。
イ 野球部員たちは、県大会優勝をめざして特訓を重ねている。
ウ 監督のために部員たちが団結して戦い、県大会優勝を果たす。
エ 特訓の成果が出て、練習試合ではよい結果が出るようになる。

起〔　〕→承〔　〕→転〔　〕→結〔　〕

2 次の文章の中から要点を述べている文を一つ選び、初めの五字を抜《ぬ》き出しなさい。

文化を通して自然を見ることをもう少しみておこう。一方で、ある文化は牛を見て家畜《かちく》だと捉《とら》えるが、他方で、ある文化では牛は*聖獣《せいじゅう》であると捉える。文化によって自然がどのように捉えられるかが異なる。したがって、それぞれの文化によって自然をどう捉えるか、もっといえば、文化のなかで自然がどう位置づくかが違《ちが》うのである。

（『環境《かんきょう》を守る』とはどういうことか――環境思想入門」所収
大倉茂《おおくらしげる》「第四章　カブトムシから考える里山と物質循環《じゅんかん》――『自然の社会化』と『コモンズ』」より）

*聖獣　人間によって敬われる獣《けもの》。

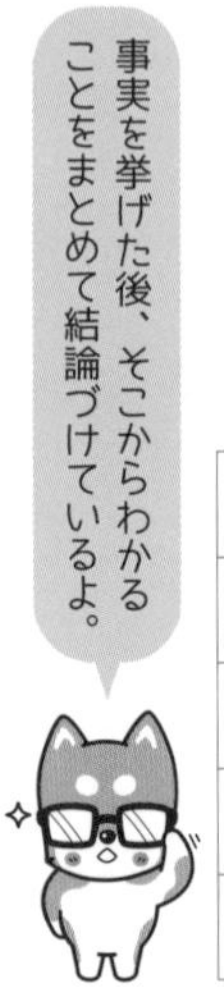
事実を挙げた後、そこからわかることをまとめて結論づけているよ。

3 次の文章を読んで、後の問いに答えなさい。

1 まず、なぜヨーロッパと日本とでオオカミのイメージが大きく違っていたのかを考えてみましょう。

2 ヨーロッパの農業は、麦を栽培《さいばい》し、ヒツジを飼って営まれてきました。当時の人々にとってヒツジは生活の糧《かて》でした。そして、まだ村の周りに森が残っていた時代には、森にすむオオカミがヒツジを襲《おそ》って殺すことがよくありました。人々はオオカミの襲撃《しゅうげき》を防ごうといろいろな策を講じましたが、オオカミは賢《かしこ》い動物ですから、それを破ってヒツジを襲うこともありました。人々がこのようなオオカミを残酷《ざんこく》で悪い動物と思い、憎《にく》むようになったのは当然のことです。また、キリスト教の影響《えいきょう》がたいへん強かった中世のヨーロッパでは、悪魔《あくま》や魔女が本当にいると信じられていました。ですから、人々が憎み恐《おそ》れたオオカミは悪魔のイメージと重ねられ、人々の想像も手伝って、いたずらに恐ろしい魔物に仕立てられていきました。

3 このように、ヨーロッパでは、ヒツジを軸《じく》にした牧畜《ぼくちく》を基盤《きばん》とし、キリスト教の影響がたいへん強かったために、ヒツジを襲うオオカミは悪魔のように見なされることとなったのです。

4 一方、日本はどうでしょう。日本は米の国といっていいほど稲作《いなさく》の盛《さか》んな国です。人々は汗水《あせみず》垂らして米作りに励《はげ》み、豊作のために祈《いの》りをささげる毎日を過ごしてきました。そうやって心血を注いで育てた稲《いね》が台風でだめになったり、イノシシやシカに食べられたりしたら、人々はどう感じたでしょうか。台風には逆らえませんから、ただ祈るしかありませんが、イノシシやシカには強い憎しみを感じたにちがいありません。そして、そのイノシシやシカを殺してくれるのがオオカミです。当然、オオカミは自分たちの味方と考えたことでしょう。したがって、オオカミは敬われ、神のようになっていきました。事実、オオカミをまつる三峯《みつみね》神社は、米の豊作祈願《きがん》の神社なのです。

5つまり、米を軸にした農業を営んだ日本では、稲を食べる草食獣を殺してくれるオオカミは神として敬われるようになったのです。

（高槻成紀《たかつきせいき》「オオカミを見る目」〈平成二十八年度版「新編　新しい国語　1」東京書籍〉より）

(1) 1段落は、この文章の中でどのような役割を果たしているか。最も適当なものを次から選び、記号で答えなさい。

ア 文章全体のまとめ　イ 話題の提示
ウ 筆者の考え　エ 具体例

［　　］

(2) この文章の段落構成として最も適当なものを次から選び、記号で答えなさい。

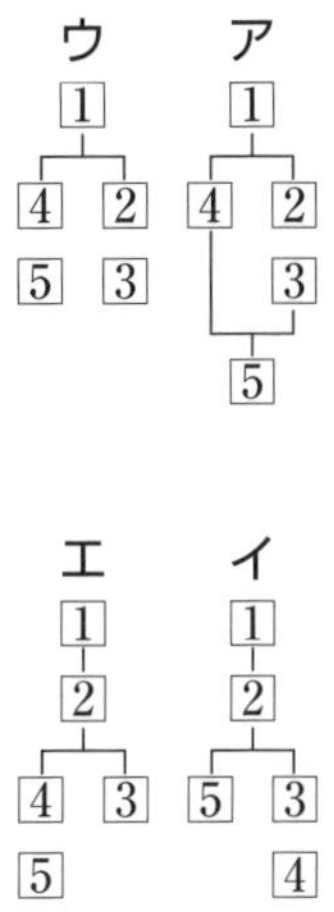

［　　］

4 次の文章を読んで、後の問いに答えなさい。

［鰹節《かつおぶし》は、鰹の水分を鰹節菌《きん》という菌に吸い取らせることで乾燥《かんそう》させてできている。］

1なぜこんなに手間暇《てまひま》かけて鰹節を乾燥させるのか、皆《みな》さんは不思議に思いませんか。乾燥しているということにはどんな意味があるのでしょうか。

2例えば、ここに生のイカとスルメがあるとします。これらをしばらく放置すると、生のイカには腐敗《ふはい》菌が付きます。生のイカには水分がたっぷりあるため腐敗菌はみるみる繁殖《はんしょく》して、イカはすぐに腐《くさ》ってしまいます。ところが、乾燥したスルメでは、同じ腐敗菌が「あ、スルメだ。これはうまそうだぞ。」と食いついたとたんに即死《そくし》してしまいます。スルメは乾燥しているため、腐敗菌の細胞《さいぼう》の水分は逆にスルメに吸収されてしまい、腐敗菌は死んでしまうのです。生のイカが腐り乾燥したスルメが腐らないのは、そういう理由からです。スルメを腐らせようと思ったら水に浮《う》かせておけばすぐに腐ります。

3つまり、乾燥した食べ物は、微生物《びせいぶつ》が増殖できないために腐らない。鰹も乾燥させることで、保存ができるようになるのです。

4今の鰹節のようにいぶしてから乾燥し、カビ付けをするようになったのは、江戸《えど》時代の元禄《げんろく》年間（一六八八年～一七〇四年）の頃《ころ》といわれています。湿度《しつど》の高い環境を好むカビの性質をみごとに見ぬいた鰹節の製法は、世界に類例がなく、我《わ》が国の先達《せんだつ》たちの知恵《ちえ》の深さとユニークな発想には舌を巻きます。鰹節菌を巧《たく》みに応用した驚異《きょうい》の乾燥術は、食べ物を保存するための、冷蔵庫のなかった昔からの偉大《いだい》なる知恵なのです。

（小泉武夫《こいずみたけお》「鰹節――世界に誇《ほこ》る伝統食」〈平成二十八年度版「新編　新しい国語　2」東京書籍〉より）

(1) 1段落の疑問に対して、Ⅰ答えを述べている段落と、Ⅱ答えを導くために具体的に考察している段落を探し、それぞれ段落番号で答えなさい。

Ⅰ［　　］段落　Ⅱ［　　］段落

(2) 4段落の要点を述べている文を一つ選び、初めの五字を抜き出しなさい。

トライ　解答⬇別冊10ページ

次の文章を読んで、後の問いに答えなさい。

〔現代では、通勤通学ラッシュの混んだ電車の中で、大半の人が黙々《もくもく》とスマホ（スマートフォン）画面を眺《なが》めている。〕

1 かつては、新聞を四つ折り、八つ折りにして顔を近づけ無心に読む姿や週刊漫画《まんが》雑誌を丸めて読む姿が中心でした。新聞や雑誌を読む姿とスマホに没《ぼつ》入《にゅう》する姿は同じなのでしょうか。それともまったく異質な日常を生きる私たちの姿ができあがっているのでしょうか。同じように見える混んだ車内の光景ですが、私はこの二つはかなり意味が異なっていると考えます。

2 ①新聞や雑誌は、確かに私たちはそれを読みたいから読むのですが、見方を変えれば、これらは、身体が触《ふ》れあうぐらい混んだ狭《せま》い車内で、お互《たが》いが儀《ぎ》礼《れい》的に距離《きょり》をとり、特別な興味や関心がないことを示し、相手に対して距離を保っていることを示す重要な道具と言えます。新聞や雑誌を読んでいても、周囲の音や隣《となり》の人の姿勢や動きなど細かい状況《じょうきょう》はわかるでしょう。その意味でこうした道具は、それに目を落としているとしても、常に周囲の他者の気配は感じ取れるし、私たちは常に周囲に気を配っているとも言えるのです。つまり、新聞や雑誌は、自分の周囲に〝バリアー〟を張る道具ではなく、周囲の他者とつながるための道具なのです。

3 他方、私たちは②スマホを通して、混んだ車内でもそこにいない他者と交信したりゲームを楽しんでいます。いわばスマホは、「今、ここ」で全く異質なリアリティへ瞬時《しゅんじ》に跳躍《ちょうやく》できる驚《おどろ》きのメディアなのです。さらにスマホは、新聞や雑誌に比べ、小型軽量であり、周囲に迷惑《めいわく》もかけずに私たちは「混んだ車内」で操作ができます。イヤホンやヘッドホンをし、周囲からの音をさえぎり、視線をスマホの画面に集中させるとき、私たちの心や関心は「今、ここ」にはないのです。端的《たんてき》に言えば、スマホは、それを使って多様なリアリティを自在に移動できるとしても、新聞や雑誌のように③「今、ここ」で儀礼

---

(1) 1段落の要点をまとめた次の文の空欄《くうらん》にあてはまる言葉を、「光景」という言葉を使って答えなさい。

・混んだ電車の中で、多くの人が［　］は、同じように見えてかなり意味が異なっている。

［　　　　］

(2) ①「新聞や雑誌」は、混んだ車内にいる人々にとってどのような道具なのか。最も適当なものを次から選び、記号で答えなさい。

ア 自分の周囲に〝バリアー〟を張り、特別な興味や関心に満ちた視線から身を守るための道具。
イ 他者に特別な興味をもたない人々が、周囲に気を配りつつも、好きなことをするための道具。
ウ 他者への特別な興味や関心を儀礼的に隠《かく》しつつ、周囲の細かい状況をつかむための道具。
エ 周囲に気を配りながらも、あえて無関心を装い距離をとることで、礼節を示すための道具。

［　］

(3) ②「スマホ」に没入する人々の説明としてあてはまらないものを次から一つ選び、記号で答えなさい。

ア 他者への興味を失い、儀礼的な気配りをも怠っている。
イ 周囲に迷惑をかけないため、小型軽量な道具を使用している。
ウ 身体は「今、ここ」にいるが、心は「今、ここ」にはない。
エ リアリティある多様な世界を自在に移動している。

［　］

的に周囲に無関心を示したり、距離をとるための道具ではないのです。

4混んだ車内の二つの光景。一つは、新聞や雑誌を読みながらも、常に周囲の他者に対して儀礼的に無関心を示し、身体が密着しているとしても、そこに安心な距離があることを示しあう秩序《ちつじょ》が「今、ここ」で作られ維持《いじ》されている空間です。そして今一つは、それぞれがスマホに没入することで「今、ここ」に居ながらも、個別のリアリティの跳躍を楽しんでいる空間です。ただし、そこは、儀礼的に無関心を装《よそお》い常に他者との安心な距離への気配りに満ちているのではなく、まさに周囲の他者への関心を喪失《そうしつ》し、安心な距離を保つための儀礼を微細《びさい》に実践《じっせん》することさえ怠《おこた》っている人々の身体が満ちている空間なのです。

5通勤通学での混んだ車内という、思いっきり「あたりまえ」で日常的光景を詳細《しょうさい》に読み解いてみました。そこには、他者とつながるうえで、ふりかえって考えるべき興味深い問題を私たちが生きていることがわかります。

6私たちが何気なく見ている日常的光景。繰《く》り返して流されるテレビコマーシャル。思わず感動して涙《なみだ》を流してしまう映画やドラマ。ワンパターンのフレーズや身ぶりをこれでもかと繰り返し、なかば強制的に笑いを取っていこうとするお笑いタレントたちのトークショー。さまざまな事件を伝え、私たちの日常への危機感をあおるワイドショーや雑誌報道等々。数え上げたらきりがないのですが、日常生活世界になんらかの意味を与《あた》えている多様な「あたりまえ」の場面のなかにこそ、私たちが日常生活世界を詳細にふりかえって捉《とら》え直すきっかけに溢《あふ》れているのです。

（好井裕明《よしいひろあき》『「今、ここ」から考える社会学』より）

---

(4) ③「『今、ここ』で儀礼的に周囲に無関心を示したり、距離をとるための道具」とあるが、これはどういう道具だといえるのか。文章中から十五字で抜《ぬ》き出しなさい。

(5) この文章の段落構成として最も適当なものを次から選び、記号で答えなさい。

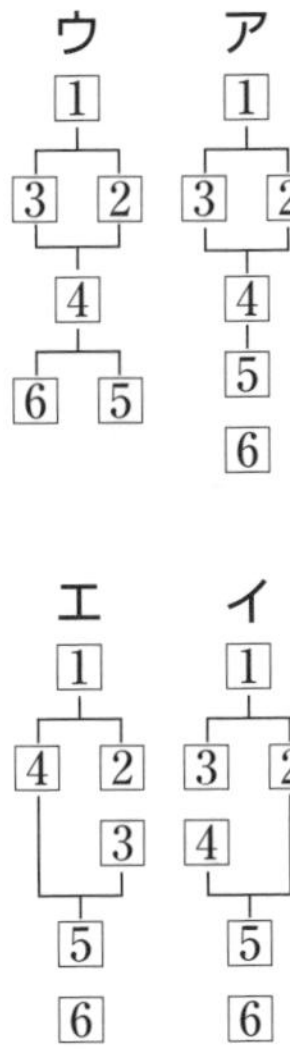

〔　　〕

(6) 6段落の要点として最も適当なものを次から選び、記号で答えなさい。

ア 私たちが何気なく見ているテレビコマーシャルや映画、ドラマ、報道などのなかに「あたりまえ」な光景がある。

イ 「あたりまえ」な光景のなかには、私たちが日常生活の世界をふりかえって捉え直すきっかけが溢れている。

ウ 他者とつながるうえで、ふりかえって考えるべき興味深い問題が、通勤通学の車内という日常的な光景のなかにある。

エ 私たちが何気なく見ている、多様な「あたりまえ」の場面こそが、日常生活世界になんらかの意味を与えている。

〔　　〕

説明的文章

15 事実と考え・要旨《ようし》

チェック

1 次の各文を「事実」を述べた文と「考え」を述べた文に分け、記号で答えなさい。

解答➡別冊11ページ

ア ニュースで、明日の試合は九時開始だと言っていた。
イ 明日の会議では、部長の提案が議題になるだろう。
ウ 僕《ぼく》の学校では、ゴミを減らすための活動をしている。
エ 私たちは、環境《かんきょう》のために自分にできることをするべきだ。
オ 日曜日の水族館は、家族連れで混雑しているにちがいない。
カ 時刻表によれば、新幹線に乗ると十二時十分にA駅に着く。

事実〔　　〕　考え〔　　〕

2 次の文章を読んで、後の問いに答えなさい。

[1]今日（三月一日）の朝刊を見ていると、

「夕焼《ゆうやけ》小焼《こやけ》」歌って自分励《はげ》ました

という見出しがあった。中国人と結婚《けっこん》した日本女性が、一九三九年ごろにその家族と中国に行き、戦争のために日本に帰れなかった。以後、五十八年間、中国にずっと暮らしてきたが、九十一歳《さい》になって「日本人になる」ことが東京家裁に認められた。この方は家庭の事情から戸籍《こせき》がなかったが、関係者の努力が実って、日本の戸籍を取得できたとのこと。

[2]中国では食べるものにも困る大変なときもあったが、「夕焼小焼」など日本の歌を歌って、自分を励まし生き抜《ぬ》いてきた、と語られている。

[3]この記事はほんとうに胸にひびくものがあった。異国にあって五十八年の間、ずいぶんと苦労が多かったであろうし、しかも祖国の国籍もないとなると、心がくじけそうなときも度々《たびたび》あったのではなかろうか。そのときに、子どものころに歌った「夕焼小焼」などの歌を思い出し、おそらく一人のときに人知れず口ずさんだりして、自分を励ましてこられたのだろう。その情景が心に浮《う》かんでくるような気がする。

[4]人間がほんとうに困ったとき、「自分を励ます」ものをもっていないと、生きていくことができなくなるだろう。普通《ふつう》の生活をしているかぎり、そんなことを意識することはないが、困難な状況《じょうきょう》に追いこまれて、家族や友人などが自分を支えてくれ、励ましてくれると非常に有り難《がた》く感じる。人間関係ばかりではなく、あんがい故郷の景色などが「自分を励ます」力をもつことに気づいたりする。

（河合隼雄《かわいはやお》「より道　わき道　散歩道」所収「夕焼小焼」より）

(1) この文章を「事実」を述べた部分と、「考え」を述べた部分に分けると、「事実」を述べた段落はどこからどこまでか。段落番号で答えなさい。

〔　　〕段落～〔　　〕段落

(2) [4]段落を要約した次の文の空欄《くうらん》A～Cにあてはまる言葉を、それぞれ文章中から五字程度で抜き出しなさい。

・人間が[A]に追いこまれたとき、身近な人間関係や[B]などが「[C]」力をもち、生きる支えになる。

A
B
C

3 次の文章を読んで、後の問いに答えなさい。

1 ①環境問題は、身近な問題であり、人間の生存をも左右する根本的な問題です。しかし、その認識《にんしき》は、問題が深刻にならなければ深まらないというのも事実のようです。このような性格の環境問題をうまくたとえたものに水草の話があります。

2 ②地下水が豊富な熊本市《くまもとし》に、江津湖《えづこ》という湖があります。この湖で最近問題になっているのがウォーターレタスという外来の水草の増殖《ぞうしょく》です。湖一面、この水草で覆《おお》われてしまい、ヒメバイカモなどの在来の貴重な水草が駆逐《くちく》されようとしています。

3 水草がこのように増えるまで問題にならなかったのは、環境問題に対する私たちの意識と似たところがあったようです。つまり、一片《いっぺん》の水草が一週間に二つに増える能力があるとしましょう。③最初は、だれかが問題意識もなく、自宅の水槽《すいそう》の水草を捨てたのでしょう。一週間後、水草が二つに増えてもだれも気づきません。何週間か後、少し目につくようになり水草に気づく人もでてきましたが問題にする人はいません。まだ、広い湖でほんのわずかな部分にあるだけだからです。④さらに月日が経《た》ち、水草が湖面の八分の一ほどを覆うようになると、人々が問題にしはじめました。「大変だ。このままでは水草が増えて湖が覆われてしまう」と。しかし、次の週には、四分の一に、その次の週には半分まで水草が覆い、本格的な対策を打つ余裕《よゆう》もなく、人々が騒《さわ》ぎ出してから、たった三週間目には、水草が湖一面を占領《せんりょう》してしまったのです。

4 地球環境問題も、この水草の問題と同じような性質をもっています。人が大変だと気づいてからでは、もう手遅《ておく》れかもしれないということです。問題が現実となる前に、しっかりと手を打っておかなければなりません。私たちの子どもたちが生きていく地球の環境をよりよいものとするために。

（矢部三雄《やべみつお》「森の力」より）

(1) ――部①〜④から「事実」ではなく「考え」を述べている文を選び、番号で答えなさい。　〔　　〕

(2) 「水草の話」について、次の問いに答えなさい。

Ⅰ この話（事実）が書かれているのは、どこからどこまでか。段落番号で答えなさい。　〔　　〕段落〜〔　　〕段落

Ⅱ この話（事実）から、筆者はどのような考えを述べようとしているか。最も適当なものを次から選び、記号で答えなさい。

ア 環境問題は、人間の生存を左右する問題である。
イ 問題に対する人々の認識は、それが深刻にならないと深まらない。
ウ 環境問題は、昔も今も人間にとって身近で根本的な問題である。
エ 外来の生物種は、環境問題の中でも大きな問題である。　〔　　〕

(3) この文章を要約した次の文の空欄にあてはまる言葉を、文章中の言葉を使って三十字以内で答えなさい。

・地球環境問題についての認識は、問題が深刻にならないと深まらないものだが、子どもたちが生きる環境をよいものにするため、［　　　　］。

トライ　解答➡別冊11ページ

次の文章を読んで、後の問いに答えなさい。

〔人から叱《しか》られることを表す言葉には、本来さまざまなものがある。〕

1 丁寧《ていねい》に言い回しを比べてみると、それぞれにはやはり違《ちが》ったニュアンスがある。「小言」と「諭《さとし》」は明らかに説教内容が違うだろうし、「お目玉を食らう」のと「諫《いさ》められる」のでは説教の重さが違うし、「怒《おこ》られた」のと「叱られた」のでは非の度合いが違うだろう。けれども、それらのニュアンスの異なる言い回しはほとんど、「怒られる」一つに統一されてしまった。

2 つまり言葉を使う側も、言葉を受け止める側も、ニュアンスの差を考慮《こうりょ》することがなくなってしまったのである。

3 これはほんの一つの例だが、①豊富な語彙《ごい》が一つ二つの言い回しに統一される現象は、多くの言葉に見られることなのである。

4 それがどうした、大した問題ではないだろう……とお思いかもしれないが、実はそうでもない。語彙の減少は、感受性の鈍化《どんか》につながっているからである。

5 先日、②若い人と映画を見た。終わってからお茶を飲み、見てきたばかりの映画の話になったのだが、若者が「よかったですね」と言ったので、私は別に深い意味はなく、「どこがよかった？」と尋《たず》ねてみた。すると若者は驚《おどろ》いた顔をして「どこがって……」と口ごもるのである。辛《かろ》うじて「映像がきれいでー」とか「音楽がよくってー」という感想は述べてくれたが、それ以上の感想はない。終《しま》いには「そんな、責めないでくださいよおー」と不機嫌《ふきげん》な顔で言い返されてしまった。

6 単に表面的に「よかった」とするだけで、どこがどんなふうによかったか、心の奥深《おくふか》くで感じることなく、また感じたとしても言語化することができないようなのだ。

7 これは若者に限ったことではない。四十代の私の友人も、私から借りて

---

(1) ①「豊富な語彙が一つ二つの言い回しに統一される現象」について、次の問いに答えなさい。

Ⅰ このような現象の例として、どのような事実（事例）が挙げられているか。次の文の空欄《くうらん》にあてはまる言葉を、文章中から十八字で抜き出しなさい。

・人から叱られることを表すさまざまな言葉が□ということ。

Ⅱ この現象について筆者はどう思っているか。最も適当なものを次から選び、記号で答えなさい。

ア 語彙の統一は、多くの言葉に共通する自然な現象である。
イ 語彙の数が多少変化したところで、大した問題ではない。
ウ 語彙が減少する事例が増えれば、大きな問題になるだろう。
エ 語彙の減少は、感受性の鈍化にかかわる大きな問題である。

〔　　〕

(2) ②「若い人と映画を見た」について、次の問いに答えなさい。

Ⅰ この「若い人」の言動について、筆者はどのような感想を抱《いだ》いたか。それが書かれた一文を探し、初めの五字を抜き出しなさい。

いった本を返してくれたとき、「よかったわあ」と言ったので、「どこがよかった？」と聞いてみた。すると彼女《かのじょ》も「どこがって……」と口ごもるのだ。それでも私がしつこく尋ねると、最後には、「泣けたのよ。とにかくよかったの！　いいじゃないの、よかったんだから……」と怒り出す始末。私は苦笑《くしょう》して、そして考え込《こ》んだ。

8 他人事ではない。自分のこととして考えてみても、何かの本を読んだ後、映画を見た後、芝居《しばい》を見た後、音楽を聴《き》いた後、私はその感動を深く掘《ほ》り下げて感じ、［　　］しているだろうか。やはり映画を一緒《いっしょ》に見た若者のように、あるいは本を貸した友人のように、単に「よかった！」で終わらせてしまっていないだろうか。

9 ③急に恐《おそ》ろしくなった。「よかった」「面白《おもしろ》かった」で、すべてを片づけ、それ以上の掘り下げをしない……というのは、説教の種類を何でもかんでも「怒られた」で済ませてしまうのと似ている。

10 私たちはつまり、日々押《お》し寄せる膨大《ぼうだい》な量の新しい情報の波をかぶり、それらを処理することのみに追われながら、人間の感性や思考を育む部分では、大幅《おおはば》な手抜《てぬ》きをして生活しているのである。確かに情報には強い人間になるかもしれない。けれども、一人の人間としての感受性や思考能力は、どんどん衰《おとろ》えてゆきはしないだろうか。日本語の語彙が減少してきているという事実は、私たちの感性がいかに鈍《にぶ》くなってきたかを表している。

11 心の時代とか、心の豊かさという言葉をよく耳にするが、それらは社会が与《あた》えてくれるものではなく、結局、私たち自身が心の中に手を突《つ》っ込んで、糠床《ぬかどこ》をかき回すようにして自分を鍛《きた》えない限り、手に入らないし身につかないものだと私は思う。

（神津《こうづ》十月《かんな》「あなたの弱さは幸せの力になる」より）

Ⅱ　この事実（経験）と似たような事例を挙げた段落を探し、段落番号で答えなさい。　〔　　〕段落

(3) 文章中の空欄にあてはまる言葉を、文章中から三字で抜き出しなさい。

□□□

(4) 「③急に恐ろしくなった」とあるが、どんなことが恐ろしくなったのか。最も適当なものを次から選び、記号で答えなさい。

ア　情報に強くなる一方で感受性が鈍化している多くの日本人たちの影響《えいきょう》で、日本語の語彙が減少してきていること。

イ　映画を見たり本を読んだりするとき、膨大な情報を処理することに手一杯《ていっぱい》で、感性や思考を育むものとしては味わえていないこと。

ウ　感動を深く掘り下げることなく、表面的な反応で済ましているうちに、感受性や思考能力が落ちていくこと。

エ　周囲が、人間の感性や思考を育むことに手抜きをしている人ばかりになり、日本文化が衰えてきていること。

〔　　〕

(5) 11段落を、四十字以内で要約しなさい。

似た内容の言葉が繰《く》り返されているよ。それらを一つにまとめてみよう。

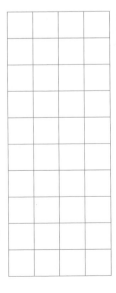

16 登場人物・場面

チェック　解答 ↓ 別冊11ページ

1 次の文章を読んで、後の問いに答えなさい。

「おはよ。」とつぶやきながら教室に入ると、同じようなぼそりとした反応が返ってくる。中学生活が始まって三週間。①僕《ぼく》にはまだ友達といえるものはできていない。小学校のときはもう少し簡単だったはずなのに、なかなかうまくいかない。

「今日も曇《くも》りやな。じいちゃんが花曇りって言ってたけど、②四月は意外と天気悪い日が多いねんな。」

座席に着くと、となりの川口君が声をかけてきた。川口君は毎朝、先生が来るまでの間話しかけてくる。けれど、それはいつだってうまくつながらない。

「あ、ああ。そうなんだ。」

それで会話は終了《しゅうりょう》。川口君も僕もさっきより空気を持て余して、窓の外を見つめるしかなくなってしまう。

「これで桜が全部散ってしまうな。」と言えばよかったとか、「花曇りって何。」ときけばよかったとか。思いつくのは後になってからだ。

（瀬尾《せお》まいこ「花曇りの向こう」〈平成二十八年版「国語1」光村図書〉より）

(1) ①「僕」は、何年生か。次の□にそれぞれ漢字一字を書いて答えなさい。

□学□年生

(2) ②「四月」らしさが感じられる言葉を、文章中から三字以内で二つ抜《ぬ》き出しなさい。

□□□　□□□

2 次の文章を読んで、後の問いに答えなさい。

六年前の秋、この雑木林で、①私の次女が年老いた〔妖精《ようせい》〕に出会った。そのとき、②シホは小学三年生だった。

「ほんとよ。ぜったい、いたんだからあ」

十月半ばの午後、近所の友だちが飼犬《かいいぬ》の運動に行くのに付き合って、シホは林へ行ったのだそうだ。

林に着いて引き綱《づな》から放したら、犬は深く積んだ落葉《おちば》を蹴《け》ちらして、走っていったきり戻《もど》ってこない。友だちと二手に分かれて犬の名を呼びながら、林のなかを探しまわった。

すると、いきなりシホの眼前に、その〔妖精〕が現れたのだそうだ。

一本の木が地面のすぐ上から曲がって、地を這《は》うように伸《の》びている。その幹に、小柄《こがら》なおばあさんが、ちょこんと腰《こし》かけていた。こげ茶色の大きなショールに包まれて、膝《ひざ》の上には編み棒と毛糸の入った手提《てさ》げ籠《かご》があった。

髪《かみ》は真っ白、小さな顔も真っ白で、子供のようなくりくりした黒い瞳《ひとみ》がじっと娘《むすめ》を見つめていた。その躰《からだ》があまりに小さいので、長めのスカートからのぞいている黒靴《くろぐつ》の爪先《つまさき》が地面から高く離《はな》れていたそうだ。

シホは立ちすくんだ。意外なところにおばあさんがいたのだから、それだけでも驚《おどろ》くのは当たり前である。ところが、おばあさんのようすを観察しているうちに、シホは震《ふる》えあがってしまった。つい最近読んだ童話の本を思いだしたからである。その本には、魔法《まほう》を使って人間を石や木に変えてしまう意地悪な〔妖精〕が出てきたのだ。それが、眼《め》の前のおばあさんとそっくりだった。

――いけない。このおばあさんは、きっと〔妖精〕だわ。眼を見合わせていると、魔法をかけられちゃう。

とっさに、シホは伏眼《ふしめ》になり、足もとだけを見るようにして、そろそろと後退《あとずさ》った。

「それは、よかった。じつに適切な判断だった。非常に沈着《ちんちゃく》な行動だったぞ」

と、私は娘にいった。

（内海隆一郎《うつみりゅういちろう》「小さな手袋《てぶくろ》」より）

(1) ①「私」の説明として最も適当なものを次から選び、記号で答えなさい。

ア シホの姉　イ シホの父

ウ シホの祖父　エ シホの友だち

(2) ②「シホ」が体験したのは、どのような出来事だったか。次の文の空《くう》欄《らん》にあてはまる言葉を、文章中の言葉を使って答えなさい。

・近所の雑木林で、□を見たという出来事。

3 次の文章を読んで、後の問いに答えなさい。

〔「僕」は通学途中《とちゅう》に、仲良くなった転校生でサーカス一座の万里夫《まりお》に会う。彼《かれ》は両手に大きなボストンバッグをさげている。学校の鞄《かばん》は持っていない。〕

「どうした。学校へは行かないのか？」

「さよならだ」彼は静かに言った。「手紙が来たんだ」

彼は遠い町の名を言った。その町にこれから旅立つのだと言う。たぶんそこは、もう菜の花が咲《さ》きはじめているだろう。それくらい遠い町だった。

「ほかの荷物は別便で送った。学校へも昨日、手続きに行った。きみだけには、さよならを言いたかった」

寒いせいだろうか、僕は胸が締《し》めつけられるみたいな、息苦しい感じにとらわれた。本当に彼は旅立つんだ、そう思うと、かるい怒《いか》りのようなものがこみ上げてきた。もっと親しくしておけばよかった。

「クラスのみんなに挨拶《あいさつ》していかないのか」

「先生もそう言ってた。でも今日の列車の切符《きっぷ》を速達で送ってきたから、もう時間がない。それに……」そこで彼は言いよどんだ。「いつか、友達なんていらないって言っただろう」

「冷たいんだな」

「あんなの嘘《うそ》だ。今日みたいな日が辛《つら》くないように、そうしてるだけだ」

そのことはわかっていた。そう気がついたのはつい最近だが、僕には何もかもわかっていたような気がする。「……残念だな」と僕は言った。

「一人だけ友達ができた。それで充分《じゅうぶん》だ」真っ白な息と一緒《いっしょ》に言葉を吐《は》き出した。

（薄井《うすい》ゆうじ「青の時間」より）

(1) この場面で描《えが》かれている季節はいつか。最も適当なものを次から選び、記号で答えなさい。

ア 春の終わり　イ 夏の初め

ウ 秋の初め　エ 冬の終わり

(2) 「彼は遠い町の名を言った」とあるが、「遠い町」の説明として最も適当なものを次から選び、記号で答えなさい。

ア「僕」の住む町より南にある。

イ「僕」の住む町より北にある。

ウ「僕」の住む町より都会である。

エ「僕」の住む町より田舎《いなか》である。

(3) 「万里夫」はどのような人物か。次の文の空欄にあてはまる言葉を、十字以内で答えなさい。

・サーカスの一座で、転校が多いため、□ようにしている。

トライ 次の文章を読んで、後の問いに答えなさい。

解答⬇別冊12ページ

〔小学五年生の「わたし」は、週一回行っている一年生への読み聞かせに使う絵本をさがしに図書室に行ったところ、図書室の前で同じクラスの広瀬《ひろせ》くんに会った。〕

「佐々野《ささの》さんも今日の昼休み、読み聞かせに行くんだよね、一年二組に。」

急に①わたしに話しかけてきたので、正直びっくりした。今まで、面と向かって話したことはなかったし、ふだんはわたし以上に広瀬くんは無口だったから。

わたしは、あわててうなずいていた。

「戸田《とだ》くんのかわりに、急におれも行くことになってさ……。」

戸田くんは、一時間目が終わるとすぐに早引きしていた。風邪《かぜ》をひいていて、熱が急にあがったらしい。

つまり、②その代役が広瀬くんに決まったということなのだろう。

「あのさ、どんな本を読めばいいのか、佐々野さん知ってる？　おれ、小さい子に読み聞かせなんかしたことなくてさ、まいってるんだ。」

そうか。そういうことなんだ……。

たぶん、広瀬くんはサト先生に突然《とつぜん》、読み聞かせを頼《たの》まれ、あわてて、読む本をさがしにやってきたのだろう。

絵本のことを、広瀬くんにうまく説明できるかどうか不安だった。けれど、広瀬くんは本当に困りきった様子だったし、わたしでよければ力になりたかった。ちょっと息をすいこみ、ゆっくりと声を出した。

「あの……みんな……知っているお話が……いいと思う……。」

「みんながよく知っているお話ってことだよね。たとえば、どんな？」

広瀬くんは真剣《しんけん》な表情でわたしを見ている。

「……三匹《びき》の子ぶたとか……赤ずきんとか……。さるかに合戦とか……。」

「そっか。確かにそれっていいかも……。一年生が知っている話だったら、こっちの読み方がへたでもちゃんと内容は伝わるってことだもんな。」

---

(1) ①「わたし」の名字は何というか。文章中から抜《ぬ》き出しなさい。

〔　　　〕

(2) ②「その代役」について、次の問いに答えなさい。

Ⅰ 何をする役の「代役」なのか。文章中の言葉を使って、二十字以内で答えなさい。

Ⅱ Aもともとその役をやる予定だったのは誰《だれ》か。また、B「代役」を引き受けたのは誰か。それぞれ文章中から抜き出しなさい。

A〔　　　〕　B〔　　　〕

(3) ③「わたしがうまく伝えきれなかったこと」とは、どんなことか。次の文の空欄《くうらん》にあてはまる言葉を、文章中から十八字で抜き出しなさい。

・読み聞かせでは、みんなが知っている話を読めば、□ということ。

(4) この文章には、「わたし」の記憶《きおく》の中にある、ある人物の言葉をそのまま書いた部分がある。Ⅰその部分を連続する三文で探し、初めの五字を抜き出しなさい。また、Ⅱ誰の言葉か、文章中から五字程度で抜き出しなさい。

不思議なことに広瀬くんは、③わたしがうまく伝えきれなかったことも、ちゃんとわかってくれていた。それがうれしかった。

じつは、このアドバイスはわたしのおばあちゃんから教えてもらったものだった。

背伸《せの》びなんかしなくてもいい。読みやすい、みんなが知っている本を読んであげればそれだけで大丈夫《だいじょうぶ》。あとは子どもたちひとりひとりが、自分の頭のなかでどんどん想像して、どんどん楽しむことができるから……。

おばあちゃんは、あのとき、そういって応援《おうえん》してくれた。

「わかったよ。ありがとう佐々野さん。おれ、それ聞いて、ちょっと安心した。今からさがしてくるよ。」

そういうと広瀬くんは、そのまま図書室のなかに入っていった。

さがすのを手伝ったほうがいいのかなあとも思った。でも、そこまですると、余計なお節介《せっかい》になるだけかもしれなかったし、結局やめにした。

そのかわりといったらなんだけど、一年生が大喜びするように、わたしもがんばって読み聞かせをしようと思った。

そうすれば、広瀬くんもきっと楽しみながら絵本が読めるはずだった。

給食が終わり、昼休みがやってきた。

選んだ絵本を持って一年二組に出かけると、子どもたちはもう床《ゆか》に座《すわ》って、わたしたちが来るのを今か今かと待っていてくれた。

（中略）

「さあ、みんな拍手《はくしゅ》、拍手！」

先生のかけ声で、子どもたちはいっせいに手をたたき、読み聞かせの時間ははじまった。

わたしが座ったいすの前には、足にくっついてくるくらいの距離《きょり》に子どもたちがにじりよっている。

ちょっとだけ声が震《ふる》えたけど、覚悟《かくご》を決めて絵本を読みはじめた。

（福田隆浩《ふくだたかひろ》「香菜《かな》となつの秘密」より）

Ⅰ Ⅱ

(5) 広瀬くんからの相談を受けた後、「わたし」はどうしたか。最も適当なものを次から選び、記号で答えなさい。

ア 広瀬くんが楽しく読めるような絵本をさがすのを、手伝うことにした。

イ 広瀬くんも楽しく読めるように、自分も読み聞かせをがんばろうと奮起した。

ウ 広瀬くんに負けないよう、一年生が喜ぶ読み聞かせをしようと決意した。

エ 広瀬くんを不安にさせないよう、楽しく読み聞かせをすることにした。

〔　　〕

(6) 「わたし」「広瀬くん」の人物像として最も適当なものをそれぞれ次から選び、記号で答えなさい。

ア ふだんは口数が少ないが、真面目で理解力がある。

イ 子ども好きで、よいと思ったことはすぐ行動に移す。

ウ 明るく朗《ほが》らかで、誰に対しても親切である。

エ 無口で引っ込《こ》み思案だが、思いやりがある。

わたし〔　　〕　広瀬くん〔　　〕

(7) この文章を、時間や場所の変化に注目して二つの場面に分けると、後半の場面はどこからか。初めの五字を抜き出しなさい。

文学的文章 17 心情・理由

チェック　解答↓別冊12ページ

1 次の文章を読んで、後の問いに答えなさい。

〔「俺《おれ》」は、中学校では兄の健一《けんいち》と同じようにサッカー部に入っていたが、高校に入学して陸上部に入った。〕

　陸上部に入ったことは、家族には話していなかった。別に秘密じゃないけど、進んでしゃべりたい気分でもない。でも、ま、夜の六時半とか七時とかに汗《あせ》のにおいを振《ふ》りまいて帰ってくるから、何か体育会系の部活をやってるのはバレバレ。何部に入ったんだと聞いてきたのは健ちゃんだった。昔から、兄弟喧嘩《げんか》なんかで気まずい関係でも、用事があればフツーの顔で平気で話しかけてくる。だからって、俺のほうからしゃべっても絶対返事はしない。

　リクジョウと答えると、健ちゃんは妙《みょう》な顔になって、しばらくじっと俺を見ていた。どこか痛みでもするように、ちょっと眉《まゆ》をひそめて、口元こわばらせて。あまり見たことのない顔つきだった。

「そうなんだ」

　自分に言い聞かせるように兄貴はつぶやいた。

「サッカー部、入んなかったのか」

　げっ、健ちゃん、まだ、そんなこと期待してたのか。そりゃ、俺だって、ちょっとは迷った。サッカー部の勧誘《かんゆう》受けて気持ちが揺《ゆ》れた。だけど……。

「ほんとにやめちまうんだな」

（佐藤多佳子《さとうたかこ》「一瞬《いっしゅん》の風になれ　第一部―イチニツイテ―」より）

問　「健ちゃんは妙な顔になって、しばらくじっと俺を見ていた」とあるが、このときの健ちゃんの気持ちとして最も適当なものを次から選び、記号で答えなさい。

ア　弟がサッカー部の勧誘を断ったことに腹を立てている。
イ　弟が自分に隠《かく》しごとをしていたことを悲しんでいる。
ウ　弟が陸上に興味をもったことを不思議に思っている。
エ　弟がサッカーをやめたことにショックを受けている。

〔　　〕

2 次の文章を読んで、後の問いに答えなさい。

〔戦争が激しさを増す中、美しい布地を手に入れた三芙美《みふみ》は、同じ女学校に通う幼なじみの則子《のりこ》や詠子《えいこ》たちとブラウスを作ろうと、デザインを考え、みんなに見せた。〕

「どう？」

　則子は返事をしなかった。わたしの方を見ようともしなかった。

①少し慌《あわ》てる。

「あ、あのな、則子、これ、うちが勝手に考えてみただけやから。いろんなデザインが浮《う》かんだんやけど、うちらに縫《ぬ》えるものやないとあかんやろ。それで、こういうのにしたの。ボタンは手に入らんかもしれんけど、それやったら、胸にポケットつけてボタン無しでもええし……あの、則子の好きなようでええんよ」

　則子が俯《うつむ》く。

　ポタリ。ノートの上に雫《しずく》が落ちた。滴《したた》り落ちる。

②「則子、あんた、泣いとるの？」

　詠子が口を半開きにしたまま、則子の肩《かた》に触《ふ》れた。

「だって……うち、感動して……こんなブラウス着られるかと思うたら……なんかもう、泣けてきて……うち、ほんま、幸せで」

（あさのあつこ「花や咲《さ》く咲く」より）

(1) ①「少し慌てる」とあるが、なぜ「私」は慌てたのか。最も適当なものを次から選び、記号で答えなさい。

ア 則子には似合いそうにないデザインだったと気づいたから。
イ 則子が、何かほかのことに気をとられている様子だったから。
ウ 則子が自分でデザインしたがっていたのを思い出したから。
エ 則子が服のデザインを気に入っていないように見えたから。

〔　　〕

(2) ②「則子、あんた、泣いとるの?」とあるが、なぜ則子は泣いているのか。文章中の言葉を使って、三十字以内で答えなさい。

3 次の文章を読んで、後の問いに答えなさい。

未来《みく》と咲《さき》は小学校の頃《ころ》から、同じマーチングクラブでトランペットを吹《ふ》いていた。中学校でも吹奏楽部《すいそうがくぶ》に入り、二人そろってトランペットを任された。いきなりのレギュラーに未来と咲は手を取り合って喜んだ。だが、喜びもつかの間、練習が始まったとたん、未来はミスを重ねるようになってしまった。

演奏曲は難しい。上手な先輩《せんぱい》たちの中で、気後《きおく》れもしている。けれど、出だしが遅《おく》れるなんて、小学生時代にさえなかったことだ。気にすればするほど、タイミングがつかめなくなってくる。

未来はトランペットをぎゅっと握《にぎ》った。

「今日はこれで終わりにしよう。」

先輩が指揮台を降りると、みんなは無言で楽器を片づけ始めた。重たい空気がたちこめる。鳴ってもいない重低音が、どこかで響《ひび》いているようだった。

となりでは、咲がトランペットの手入れを始めていた。クロスで拭《ふ》かれた金色がまぶしい。①光が、そこから放たれているのではないかと思うほど、強く輝《かがや》いている。

「咲ちゃんは、すごいね。」

ぽつんと言った言葉が、自分の耳にうらみがましく返ってきた。

「全然すごくないよ。いつもと同じだよ。」

咲の返事には、なんの他意も混じっていないのに、②胸に黒いインクが一《いっ》滴《てき》落ちて広がった。

（まはら三桃《みと》「音を追いかけて」〈平成二十八年度「伝え合う言葉　中学国語1」教育出版〉より）

(1) ①「光が〜強く輝いている」とあるが、なぜ未来はそう感じたのか。最も適当なものを次から選び、記号で答えなさい。

ア 窓から差す光が、咲の楽器に当たって反射していたから。
イ 咲が自分よりずっと丁寧《ていねい》に楽器の手入れをしているから。
ウ 自分と違《ちが》ってミスをしない咲をうらやむ気持ちがあるから。
エ 咲が持っている楽器は、自分のものより新しいから。

〔　　〕

(2) ②「胸に黒いインクが一滴落ちて広がった」とあるが、このときの未来の気持ちとして最も適当なものを次から選び、記号で答えなさい。

ア 咲が心の中では自分を見下していると腹を立てている。
イ 当然のこともできない自分を咲が責めているように感じている。
ウ 咲が自分に同情してくれないことを悲しく思っている。
エ さりげなく自分の実力を自慢する咲にいらだっている。

〔　　〕

次の文章を読んで、後の問いに答えなさい。

（「私」は市民センターでジュニア向けの活《い》け花教室を開いている。長年通っている高校生の紺野千尋《こんのちひろ》に連れられ、津川紗英《つがわさえ》も通うようになった。）

首を伸《の》ばしてみると、紗英は花器置き場の前にいた。何をしているのか、そこで屈《かが》んだままじっと動かない。

私の視線に気づいたのか、①紺野さんがふりかえって紗英の様子を見、忍《しの》び笑いをしながら私に視線を戻《もど》す。

「少しだけ待っててやってもらえますか」

「いいけど」

「②あの子は記憶《きおく》力がいいんです」

こっそりと教えてくれる。

「何を記憶しているの？」

私が聞くと、紺野さんもちょっと首を捻《ひね》った。

「よくわからないんですけど、今日活けた花を、別の花器に活けていたとしたらどうなっていたか、その花器の前でシミュレーションするんだっていってました」

「大きさも形も違《ちが》うのに？」

はい、と紺野さんはうなずく。

「花器の形によって主枝《しゅし》の位置から変わってきますよね。紗英は今日の花材のようすを細かく覚えていて、頭の中で別の花器に活けるときにそれを少し変えてみたりできるんだそうです。枝のどの辺に葉っぱが何枚どちら向きについていたか、はっきり覚えているんですって。それで、花器を替《か》えても、どの枝をどうアレンジすれば同じように活けられるか反芻《はんすう》できるんだそうです」

「③それはたいしたものね」

---

(1) ①「紺野さんがふりかえって紗英の様子を見、忍び笑いをしながら」とあるが、このときの紺野さんの気持ちをまとめた次の文の空欄《くうらん》A～Cにあてはまる言葉を、A・Bは文章中からそれぞれ八字で抜《ぬ》き出し、Cは後から選んで記号で答えなさい。

・紗英が、今日活けた花を［A］ときのことを頭の中で［B］していることに気づき、［C］感じている。

ア 不愉快《ふゆかい》に　イ 頼《たの》もしく　ウ 腹立たしく　エ 微笑《ほほえ》ましく

A □□□□□□□□

B □□□□□□□□

C 〔　　〕

(2) ②「あの子は記憶力がいいんです」とあるが、紺野さんによれば、紗英はどんなことを記憶できるのか。文章中から二十四字で抜き出しなさい。

□□□□□□□□□□□□□□□□□□□□□□□□

(3) ③「それはたいしたものね」とあるが、「私」は紗英のどのようなところに感心しているのか。最も適当なものを次から選び、記号で答えなさい。

ア ものの細部まで覚えているほど、記憶力が優れているところ。

イ 今日の活け花の出来を反省し、やり直そうとしているところ。

ウ 一つの花を別の花器に活けるという高度な技《わざ》をもつところ。

エ 活け花に情熱をもち、探究しようとしているところ。

〔　　〕

相槌《あいづち》を打つと、④紺野さんも大きくうなずいた。記憶力が優《すぐ》れている点をほめているのではなく、花器を替えておさらいするところをほめたい。それは、活け花への情熱だ。知りたいという気持ちの強さが、花の隅々《すみずみ》までを記憶に残すのだ。

「頭の中で、剣山《けんざん》を少しずらしてみたりすることもできるそうです」

紺野さんがいい添《そ》える。

頭を撫《な》でてあげたくなった。紗英は恵《めぐ》まれている。身近にこんなにいい友達がいて。後片づけの手伝いもせず、自分の興味や好奇心《こうき》や能力に没頭《ぼっとう》できるのは、それをゆるしてくれる環境《かんきょう》があるからだ。

⑤「紺野さん、あなたは伸びるわよ」

私の言葉に、⑥紺野さんは驚《おどろ》いた顔になり、それからさっと頬《ほお》を赤らめた。

「私は取り柄《え》がないから。真面目にやるしかないんです」

こういう子にこそ自信を持ってほしい。真面目にやることがすべての基本だと伝えたい。

「真面目で気配りができるっていうのは、ひととしていちばんの美徳なの。友達のこと、いつも大事にしているし」

いいえ、と彼女は首を振《ふ》った。

「友達のことは、いつも羨《うらや》んでます」

小さな声でいって、目を細める。

「でも、だいじょうぶです。特別な才能がなく生きるっていうのはけっこうむずかしくて、だからこそやりがいがあって、私はわりと気に入ってます」

特別な才能があるかないかなど、まだわからない。こつこつと素振《すぶ》りを繰《く》り返しているうちにラケットの真ん中にボールが当たるようになるかもしれない。

（宮下奈都《みやしたなつ》「つぼみ」より）

(4) ④「紺野さんも大きくうなずいた」とあるが、このときの紺野さんの気持ちとして最も適当なものを次から選び、記号で答えなさい。

ア 先生の言うとおり、紗英のよさは記憶力ではない。
イ 先生の言うとおり、紗英の真面目な姿勢を見習いたい。
ウ 先生の言うとおり、紗英の能力はすばらしい。
エ 先生の言うとおり、紗英の情熱には感心させられる。

［　　］

(5) ⑤「紺野さん、あなたは伸びるわよ」とあるが、「私」がそう思うのはなぜか。次の文の空欄にあてはまる言葉を、文章中の言葉を使って、三十字以内で答えなさい。

・紺野さんは、□という、すべての基本や、ひととしていちばんの美徳を身につけているといえるから。

(6) ⑥「紺野さんは驚いた顔になり、それからさっと頬を赤らめた」について、次の問いに答えなさい。

Ⅰ なぜ「驚いた」のか。簡潔に答えなさい。

［　　］

Ⅱ 「頬を赤らめた」に表れている気持ちとして最も適当なものを次から選び、記号で答えなさい。

ア 喜び　イ 不安　ウ とまどい　エ 怒《いか》り

［　　］

文学的文章

18 表現・主題

チェック　解答 ⬇ 別冊13ページ

1 次の各文に用いられている表現技法をそれぞれ後から選び、記号で答えなさい。

(1) 彼《かれ》は、歩く辞書だ。〔　　〕

(2) おいしいおいしいケーキができた。〔　　〕

(3) 風に吹《ふ》かれて、木の葉が舞《ま》い踊《おど》る。〔　　〕

(4) 昨日見た映画は感動的だったよ、とても。〔　　〕

(5) 猫《ねこ》のように軽《かろ》やかに走る。〔　　〕

(6) 母にプレゼントした、美しい花。〔　　〕

ア 体言止め　イ 倒置《とうち》　ウ 反復
エ 直喩《ちょくゆ》　オ 隠喩《いんゆ》　カ 擬人《ぎじん》法

2 次の文章を読んで、後の問いに答えなさい。

〔徹夫《てつお》は少年野球チームの監督《かんとく》である。小学六年生の息子《むすこ》の智《さとし》もそのチームに所属している。徹夫は、六年生最後の試合に智を出場させてやりたいと思ったが、チームの勝利を考えると実力不足の智を出場させることはできなかった。〕

がんばれば、いいことがある。努力は必ず報《むく》われる。そう信じていられるこどもは幸せなんだと、いま気づいた。信じさせてやりたい。おとなになって「おとうさんの言ってたこと、嘘《うそ》だったじゃない」と責められてもいい、十四歳《さい》やそこらで信じることをやめさせたくはない。だが、そのためになにを語り、なにを見せてやればいいのかが、わからない。

徹夫はフィルターぎりぎりまで吸った煙草《たばこ》を空き缶《かん》の灰皿に捨てて、智に訊《き》いた。

「中学に入ったら、部活はどうするんだ？」

答えは間をおかずに返ってきた。

「野球部、入るよ」

*佳枝《よしえ》が、「今度は別のスポーツにしたら？」と言った。「ほら、サッカーとかテニスとか」

だが、智には迷うそぶりもなかった。

「野球部にする」

「でもなあ、レギュラーは無理だと思うぞ、はっきり言って」

「うん……わかってる」

「三年生になっても球拾いかもしれないぞ。そんなのでいいのか？」

「いいよ。だって、ぼく、野球好きだもん」

智は顔を上げてきっぱりと答えた。

一瞬《いっしゅん》言葉に詰《つ》まったあと、徹夫の両肩《りょうかた》から、すうっと重みが消えていった。頬《ほお》が内側から押《お》されるようにゆるんだ。

拍子抜《ひょうしぬ》けするほどかんたんな、理屈《りくつ》にもならない、忘れかけていた言葉を、ひさしぶりに耳にした。

（重松清《しげまつきよし》「卒業ホームラン」より）

*佳枝　徹夫の妻。智の母親。

(1) 「レギュラーは無理だと思うぞ、はっきり言って」と同じ表現技法が用いられている文を次から選び、記号で答えなさい。

ア 野には花が咲《さ》き乱れ、空には鳥が飛び交《か》っている。
イ 本当に実現するなんて、まるで夢を見ているようだ。
ウ 私は心を込《こ》めて歌った。思いがみんなに届くように。
エ 海は地球にすむすべての生命の母であるといえる。

〔　　〕

(2) この文章で中心に描《えが》かれている内容として最も適当なものを次から選び、記号で答えなさい。
ア 勝ち負けよりも、個人の努力を評価することの大切さ。
イ 結果を気にせず、純粋《じゅんすい》に好きなことを楽しむことの大切さ。
ウ 勝ち負けよりも、家族のきずなを重視することの大切さ。
エ 努力よりも、結果がすべてだと知ることの大切さ。
〔　　〕

3 次の文章を読んで、後の問いに答えなさい。

〔中学三年生の「ぼく」は二年前に膝《ひざ》を痛めて小学校から続けていたサッカーをやめて以来、体を動かすことから遠ざかっていた。〕

真剣《しんけん》に走るのは二年ぶりだ。すぐに息が上がって、横っ腹が痛くなった。筋肉が落ちているせいで足がなかなか前に進まない。けれども、体はよろこんでいる。①もっともっと動こうぜ、とぼくに呼びかけてくる。

なぜぼくはもっと早くから走ろうとしなかったんだろう。膝はぜんぜん痛くない。とっくに完治していた。痛ければいいな、と願い続けて無駄《むだ》な時間を過ごしてしまった。痛いふりで手に入れた平穏《へいおん》な毎日は、たしかにぼくを傷つけなかったけれど、きっとそのあいだにたくさんの可能性を捨ててしまっていたにちがいない。

最初は軽く走ってそのまま終わりにするつもりだった。でも、走り込《こ》むうちに自然とスピードが上がってきた。うまく言葉にできないけれど、②体自身がもっと自分を試《ため》したがっている。もう少し速く走れるんじゃないか、あとちょっと体のバネを使ってみてもいいんじゃないか。そして、大回りの五周目が終わるころには、自分でもびっくりするほどの全力疾走《しっそう》となっていた。

それでも、体はまだまだぼくに要求してくる。もっと速く、もっと速く。ぼくは両手を思いっきり振《ふ》って、めいっぱい地面を蹴《け》って走った。陸上部のトラックにコースを変更《へんこう》する。トラックの直線の終わりをゴールと決めた。ラストスパートだ。息を止めて、体の中のすべての力をしぼり出すようにして、ゴールを駆《か》け抜けた。空がとても広く感じられる。入道雲がきらきらと光って見える。どこへでも飛んでいける羽なんていらないかもしれない。こんなにも軽《かろ》やかに走れる足が、ぼくにはあると知ってしまったいまは。

（関口尚《せきぐちひさし》「空をつかむまで」より）

(1) ①「もっともっと動こうぜ」②「体自身がもっと自分を試したがっている」に用いられている表現技法を、それぞれ答えなさい。
①〔　　〕 ②〔　　〕

(2) 〰〰部の表現の特徴《とくちょう》として最も適当なものを次から選び、記号で答えなさい。
ア 対句《ついく》的な表現を多用して、心情を印象深く表現している。
イ 短めの文を重ねることで、スピード感を生んでいる。
ウ 直喩を用いることで、周囲の情景を生き生きと描いている。
エ 専門用語を用いて、正確な説明をするよう心がけている。
〔　　〕

(3) この文章で中心に描かれている内容として最も適当なものを次から選び、記号で答えなさい。
ア 少年が走りながら心の底から感じた、生きている喜び。
イ 少年が久しぶりに思い出した、体を動かすことの楽しさ。
ウ 少年が忘れかけていた、自分の中に眠《ねむ》っていた才能。
エ 少年が走るうちに湧《わ》き上がってきた、将来の夢や希望。
〔　　〕

トライ

解答 ➡ 別冊13ページ

次の文章を読んで、後の問いに答えなさい。

〈*高村光雲《たかむらこううん》のもとで家事を手伝いながら芸術を学んでいた亀乃介《かめのすけ》は、日本の美を学びに来たイギリス人のリーチの世話を命じられる。光雲は勤務先の美術学校へリーチを連れ出す。〉

この教室にいる生徒たちは、全員、選ばれた人であり、恵《めぐ》まれた人だ。

難関の美術学校の試験に合格して、多額の授業料を納めて……難しい本を読み、教授の高尚《こうしょう》な話を理解し、高度な技術を身につけて、さらには芸術的感性を高めるべく、いま、この教室で作業に励《はげ》んでいる。

あまりにも違《ちが》うのだ。——自分とは。

リーチとともに美術学校で一日を過ごした亀乃介は、かえって意気消沈《いきしょうちん》してしまった。

芸術家になりたい、などと言って横浜《よこはま》の家を飛び出しはしたものの、それではほんとうによかったのか。

描《か》きたい、創りたいという思いは募《つの》れど、なかなかかたちにすることができない。どうすれば突破《とっぱ》できるのだろうか。

「オオ、なんという桜の花の美しさだ。日本の春は、なんというすばらしい季節なのだ」

美術学校からの帰り道、上野《うえの》の恩賜《おんし》公園で咲《さ》き始めた桜を眺《なが》めながら、リーチと亀乃介は並んで歩いていた。

（中略）

すっかり暮れてしまった空を仰《あお》ぐと、①漆黒《しっこく》の中にやせ細った月が浮《う》かんでいるのが見えた。

それを眺めながら、しみじみとリーチが言った。

「私は、日本に来てよかった」

横浜港に到着《とうちゃく》してから、まだほんの一週間。けれど自分はすっかりこの国に魅了《みりょう》されたと、情感のこもった声でリーチは語った。

「しかし、何よりよかったと思うのは……コウウン先生がすばらしい人物であったこと。そして、君と会えたことです」

---

(1) ①「漆黒の中にやせ細った月が浮かんでいるのが見えた」とあるが、この情景には亀乃介のどのような気持ちが表されているか。最も適当なものを次から選び、記号で答えなさい。

ア 苦しい状況《じょうきょう》の中でも、明るい未来を強く信じる気持ち。
イ 自分の能力に自信がもてず、将来に不安を感じる気持ち。
ウ 自分よりもずっとすぐれた人たちに、思わず嫉妬《しっと》する気持ち。
エ 自分の才能が全く信じられず、自暴自棄《じぼうじき》になる気持ち。

〔　　〕

(2) ②「だって、君はほら、たったいま、『無粋』と言った。ごく自然に。」と同じ表現技法が用いられている一続きの二文を文章中から抜《ぬ》き出しなさい。

〔　　　　〕

(3) ③「だから君にも、芸術家になれる素質が十分にある」とあるが、リーチは「芸術家になれる素質」とは何だと考えているか。最も適当なものを次から選び、記号で答えなさい。

ア 高度な技術を身につけて、芸術的感性を高めようとしていること。
イ 難解な本を読み、教授の高尚な話を理解できる力をもつこと。
ウ 世界的な視野をもち、芸術を核《かく》とした交流を求めていること。
エ 世界の芸術家と交流できるような高い語学能力をもつこと。

〔　　〕

亀乃介はうつむいていた顔を上げた。そして、真横のリーチを見た。

鳶色《とびいろ》の瞳《ひとみ》にこの上なくやさしい色を浮かべて、リーチは亀乃介をみつめていた。

「そんな……自分は……自分は、下手な通訳をするだけで、なんのお役にも立っていません。芸術のことなど何もわからない、無粋《ぶすい》な人間です」

顔を赤くして、亀乃介は言った。

「そんなことはない」

②亀乃介の謙遜《けんそん》を、リーチはやわらかく否定した。

「だって、君はほら、たったいま、『無粋《テイストレス》』と言った。ごく自然に。その言葉は、私と会話を始めてから学んだんだろう？」

そう言って微笑《びしょう》した。

「君は、すばらしい能力の持ち主だ。そして、私と同じように、誰《だれ》かと会話を成立させたい、心の交流をしたいと強く願っている。だから、この二日間で、あっという間に英語が上達したんだよ」

日本人でもイギリス人でも、世界中どんな国の人でも、これからの芸術家は共通の言葉を持つ必要があると、自分は思う。なぜなら、芸術品は自国の中だけで流通したり、自国の人々だけが楽しんだりすればいい、という時代では、もはやなくなってきているから。

（中略）

自分には、各国の芸術家たちが、海を渡《わた》り、国境を越《こ》えて交流する未来が見える。だからこうして日本へとやってきたのだと、リーチは語った。

③「だから君にも、芸術家になれる素質が十分にある。そして、君にも、きっと④いつか海を渡る日がくる」

リーチの言葉を聞いて、亀乃介の胸の中に一陣《いちじん》の風が吹《ふ》き込《こ》んだ。

芸術家になれる素質がある。——いつか海を渡る日がくる。

ほんのひと言、だった。けれど、大きな大きなひと言だった。

⑤亀乃介は、目の前で、固く閉ざされていた芸術の世界への扉《とびら》が、音もなく、けれど思い切って開くのを見た気がした。

（原田《はらだ》マハ「リーチ先生」より）

＊高村光雲　明治時代の仏師、彫刻《ちょうこく》家。

---

(4) ④「いつか海を渡る日」とは、具体的に誰が、どうする日のことを表現しているのか。「芸術家」「交流」という言葉を使って書きなさい。

［　　　］

ここでの「海を渡る」は、船で近くの島に行くことではないよね。

(5) ⑤「亀乃介は、目の前で、固く閉ざされていた芸術の世界への扉が、音もなく、けれど思い切って開くのを見た気がした」とあるが、このときの亀乃介の様子を説明したものとして最も適当なものを次から選び、記号で答えなさい。

ア たとえ厳しい道でも芸術の世界で生きるという覚悟《かくご》を決めた。
イ 芸術家として自分の進むべき方向がわかり、迷いが晴れた。
ウ 芸術家としての自分の欠点に気づき、修正する決意をした。
エ 尊敬する相手に芸術的な技能を認められ、自信が生まれた。

［　　　］

(6) この文章で中心に描《えが》かれている内容として最も適当なものを次から選び、記号で答えなさい。

ア 故郷から遠く離《はな》れた地で、初めて信頼《しんらい》できる人物に会えた青年の姿。
イ ある人物の言葉で新たな視野を手に入れ、希望を抱《いだ》く青年の姿。
ウ 芸術家としての素養とは何か、議論をする青年たちの姿。
エ 芸術家として成功するため、技術を向上させていく青年の姿。

［　　　］

韻文《いんぶん》 19 詩

チェック

1 次の詩を読んで、後の問いに答えなさい。 解答 ➡ 別冊13ページ

土　　三好達治《みよしたつじ》

蟻《あり》が
蝶《てふ》(チョウ)の羽をひいて行く
ああ
ヨットのやう《(ヨウ)》だ

(1) この詩の種類を次から選び、記号で答えなさい。
ア 口語定型詩　イ 口語自由詩
ウ 文語定型詩　エ 文語自由詩　〔　　〕

(2) 「ヨットのやうだ」に用いられている表現技法を次から選び、記号で答えなさい。
ア 倒置《とうち》　イ 反復　ウ 直喩《ちょくゆ》　エ 擬人法《ぎじんほう》　〔　　〕

(3) この詩の鑑賞文《かんしょうぶん》として、次の文の空欄《くうらん》にあてはまる言葉を後から選び、記号で答えなさい。
・蟻が蝶の羽をひいて土の上を行くという日常の小さな光景から、ヨットが海上を進むという大きな世界をイメージし、□を表している。
ア 身近にある自然への恐怖《きょうふ》。　イ 繰《く》り返される出来事への感慨《かんがい》。
ウ 海上を進むヨットへの憧《あこが》れ。　エ 自然や生命の営みへの感動。　〔　　〕

---

2 次の詩を読んで、後の問いに答えなさい。

さくらさくら　　作者未詳《みしょう》

さくら　さくら、
野山も、里も、
見わたす　かぎり、
かすみか、雲か、
朝日に　におう。
さくら　さくら、
花ざかり。

(1) この詩の種類を次から選び、記号で答えなさい。
ア 口語定型詩　イ 口語自由詩
ウ 文語定型詩　エ 文語自由詩　〔　　〕

(2) 「さくら　さくら、／花ざかり。」に用いられている表現技法を次からすべて選び、記号で答えなさい。
ア 体言止め　イ 倒置　ウ 反復
エ 対句《ついく》　オ 隠喩《いんゆ》　〔　　〕

(3) この詩はどのようなことを表現した詩か。最も適当なものを次から選び、記号で答えなさい。
ア 早くさくらを見たいという気持ち。
イ 満開のさくらのすばらしさ。
ウ いつまでも咲《さ》き続けるさくらの生命力。
エ 散っていくさくらを惜《お》しむ気持ち。　〔　　〕

トライ　解答➡別冊14ページ

次の詩を読んで、後の問いに答えなさい。

大きな木　黒柳啓子《くろやなぎけいこ》

大きな木には
不思議な温かさがある

何十年　何百年の
語りつくせない
風雪が積もっている
幹の空洞《くうどう》　こぶこぶの枝
天を指す梢《こずえ》に
その自信が満ちあふれている

むかしは　むささび*やふくろうを
やさしく抱《だ》いていたことがある
小鳥の大群を泊《と》めていたこともある
いつも地上に生きるものたちのために
きょうのやすらぎと
あすへの希望をあたえてきた

大きな木は
堂々と天にのびている

＊むささび　リス科の動物。

---

(1) この詩の種類を次から選び、記号で答えなさい。

ア 口語定型詩　イ 口語自由詩
ウ 文語定型詩　エ 文語自由詩　［　　］

(2) 「やさしく抱いていたことがある」に用いられている表現技法を次から選び、記号で答えなさい。

ア 反復　イ 対句　ウ 直喩　エ 擬人法　［　　］

(3) この詩の中で、「大きな木」はどのような存在だと表現されているか。次の文の空欄A～Cにあてはまる言葉を、詩の中からそれぞれA・Cは二字、Bは四字で抜《ぬ》き出しなさい。

・［A］に生きるものたちに、［B］や［C］をあたえてきた存在。

A □□　B □□□□　C □□

(4) この詩に描《えが》かれている内容について説明したものとして最も適当なものを次から選び、記号で答えなさい。

ア 大きな木は、風や雪の影響《えいきょう》を長い間受けたため、幹や枝を支える力がだんだん弱くなっている。
イ 大きな木には、長い時間を積み重ねたことによって、堂々とした自信や、生き物たちを包み込《こ》む温かさがある。
ウ 大きな木は、天に向かって堂々とのびており、生き物たちが簡単には近づけない雰囲気《ふんいき》がある。
エ 大きな木は、小さな生き物からやすらぎや希望をあたえられ、不思議な温かさをもつようになっている。
［　　］

20 短歌・俳句

チェック 解答 ➡ 別冊14ページ

1 次の短歌を読んで、後の問いに答えなさい。

A　その子二十櫛《はたちくし》にながるる黒髪《くろかみ》の*おごりの春のうつくしきかな　与謝野晶子《よさのあきこ》

B　つばくらめ空飛びわれは水泳ぐ一つ夕焼けの色に染まりて　馬場《ばば》あき子《こ》

*おごり　誇《ほこ》らしく思うこと。

(1)　A・Bの短歌は、それぞれ何句切れか。漢字または漢数字で答えなさい。

A〔　　　〕句切れ　B〔　　　〕句切れ

(2)　A・Bの短歌には、どちらにも字余りの部分がある。その部分をそれぞれ抜《ぬ》き出しなさい。

A〔　　　　　　〕
B〔　　　　　　〕

(3)　Bの短歌に用いられている表現技法を次から二つ選び、記号で答えなさい。

ア　倒置《とうち》　イ　反復　ウ　対句《ついく》　エ　擬人《ぎじん》法

〔　　〕〔　　〕

2 次の俳句を読んで、後の問いに答えなさい。

A　*金剛《こんごう》の露《つゆ》ひとつぶや石の上　川端茅舎《かわばたぼうしゃ》

B　夕立やお地蔵さんもわたしもずぶぬれ　種田山頭火《たねださんとうか》

*金剛　ダイヤモンドのこと。

(1)　A・Bの俳句からそれぞれ季語を抜き出し、季節を漢字一字で答えなさい。

A　季語〔　　　〕　季節〔　　〕
B　季語〔　　　〕　季節〔　　〕

(2)　Aの俳句の中から切れ字を抜き出しなさい。また、何句切れか漢字または漢数字で答えなさい。

切れ字〔　　〕〔　　〕句切れ

(3)　A・Bの俳句から自由律俳句を選び、記号で答えなさい。

〔　　〕

トライ

解答↓別冊14ページ

1 次の短歌を読んで、後の問いに答えなさい。

A たはむれに母を背負ひて
そのあまり軽きに泣きて
三歩あゆまず
石川啄木《いしかわたくぼく》

B 思い出の一つのようでそのままにしておく麦わら帽子《ぼうし》のへこみ
俵万智《たわらまち》

C 校庭の地ならし用のローラーに座《すわ》れば世界中が夕焼け
穂村弘《ほむらひろし》

(1) Aの短歌に「三歩あゆまず」とあるが、なぜ歩けなかったのか。短歌の中の言葉を使って答えなさい。

〔　　〕

(2) Bの短歌では、何が「思い出の一つ」のようだといっているのか。短歌の中から十字以内で抜き出しなさい。

□□□□□□□□□□

(3) 次の鑑賞《かんしょう》文にあてはまる短歌をそれぞれA～Cから選び、記号で答えなさい。

Ⅰ ふと見上げた空の果てしない広さを感じさせる。

Ⅱ 何げない物の形のゆがみにかけがえのなさを感じている。

Ⅰ〔　　〕　Ⅱ〔　　〕

---

2 次の俳句を読んで、後の問いに答えなさい。

A 咳《せき》をしても一人
尾崎放哉《おざきほうさい》

B 噴水《ふんすい》のしぶけり四方《よも》に風の街
石田波郷《いしだはきょう》

C 日と月のごとく二輪の寒牡丹《かんぼたん》
鷹羽狩行《たかはしゅぎょう》

(1) Aの俳句から感じられる心情として最も適当なものを次から選び、記号で答えなさい。

ア 苦悩《くのう》　イ 孤独《こどく》　ウ 恐怖《きょうふ》　エ 不安

〔　　〕

(2) Cの俳句の「日と月」は、何をたとえたものか。俳句の中から五字程度で抜き出しなさい。

□□□□□□

(3) 次の鑑賞文にあてはまる俳句をA～Cから選び、記号で答えなさい。

都会的な夏の風景を、爽《さわ》やかに描《えが》いている。

〔　　〕

21 話し合い・発表・グラフ

チェック　解答⬇別冊15ページ

一郎《いちろう》さんたちは、国語の授業で、敬語についてグループで考えることになりました。次の[Ⅰ]と[Ⅱ]を読んで、後の問いに答えなさい。〔茨城県・改〕

[Ⅰ]グループでの話し合いのために用意した資料

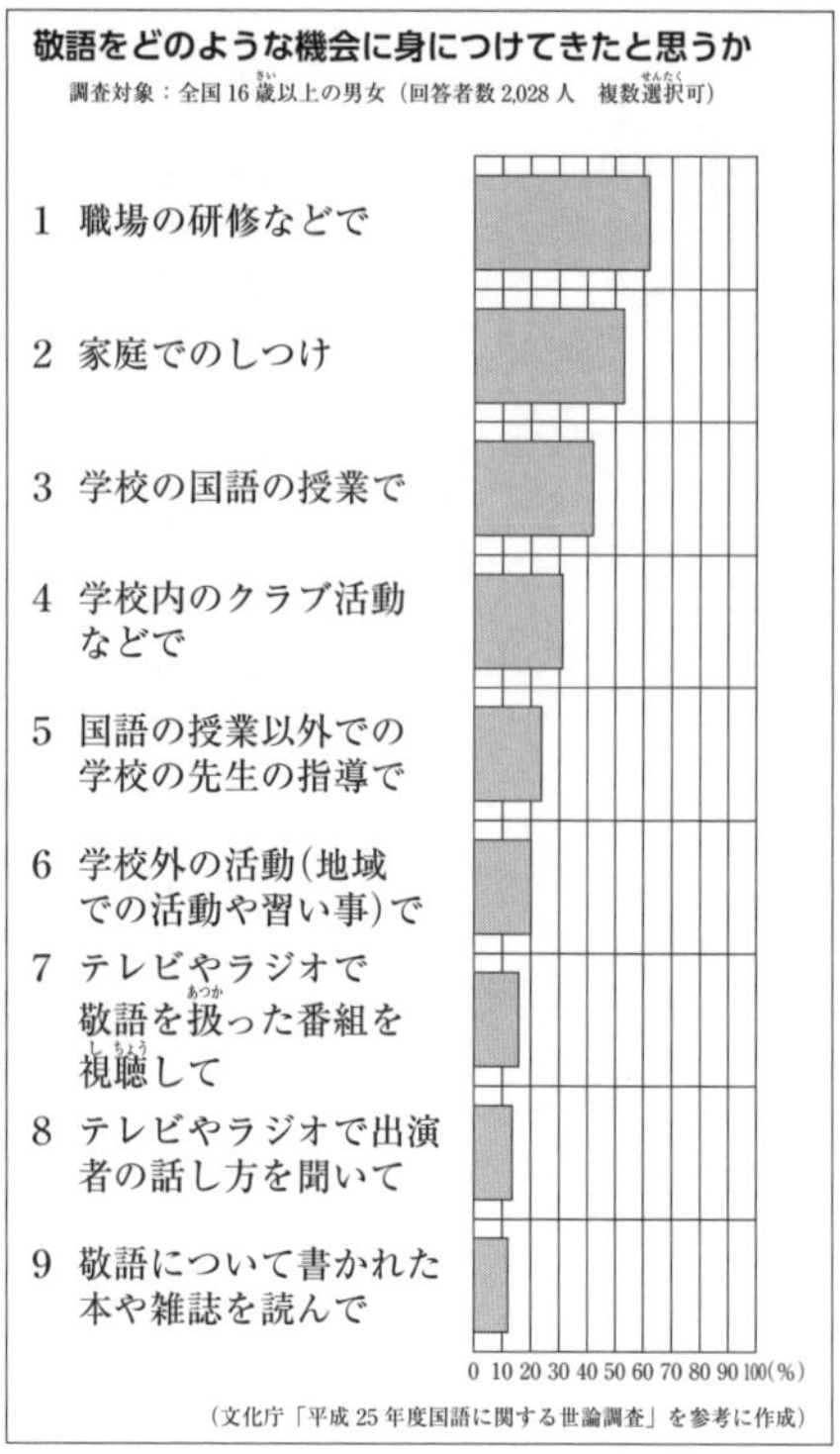

[Ⅱ]グループでの話し合い

（一郎）　今日は、どのようにしたら敬語を身につけることができるのかを話し合います。資料や今までの経験をもとにして、みなさんの考えを発表してください。

（礼子《れいこ》）　グラフでは「 A 」の割合がいちばん多くなっています。これは、仕事をするときに敬語が欠かせないことを示しているのでしょう。私は、実際に使う場面で学んだほうが身につくと思います。だから、来月に予定されている職場体験活動は、中学生の私たちが敬語の使い方を学ぶことができる貴重な機会だと思います。職場で敬語をきちんと使える人は、信頼《しんらい》され好感をもたれるに違《ちが》いありません。

（恵太《けいた》）　グラフでは「 B 」を挙げる人が半数以上います。身近な大人である家族から敬語を教えてもらい、幼い頃《ころ》から日常的に使うことで敬語が身につくと思います。社会に出てから職場の研修で学ぶ前に、家庭で教わるほうがよいと思います。

（文雄《ふみお》）　私は、学校のほうが敬語を身につけられる場面が多いと思います。グラフの「 C 」、「 D 」、「 E 」は学校関係の項目《こうもく》です。敬語は、国語の授業に加えて、学校内で先生や先輩《せんぱい》と話すときに意識的に使うことで身につくと思います。

（花子《はなこ》）　私は、「校長先生が来る。」と言ってしまい、担任の先生から敬語を正しく使うように注意されたことがあります。特別に敬語の使い方を勉強しなくても、間違っていれば周りの人が教えてくれるので、やがて正しく使えるようになるのだと思います。

(1)　[Ⅱ]の話し合い中の空欄《くうらん》A～Eにあてはまる内容を、それぞれ[Ⅰ]の1～9から選び、番号で答えなさい。

A〔　　〕　B〔　　〕　C〔　　〕　D〔　　〕　E〔　　〕

(2)　[Ⅱ]の話し合いの内容として最も適当なものを次から選び、記号で答えなさい。

ア 礼子さんは、職場体験活動を通して敬語を学べると言っている。
イ 恵太さんは、家庭や先生との会話で敬語が身につくと言っている。
ウ 文雄さんは、目上の人と話すだけで敬語が身につくと言っている。
エ 花子さんは、校長先生に敬語の使い方を注意されたと言っている。

〔　　〕

トライ

解答⬇別冊15ページ

中学生のゆうかさんは、「現代社会のさまざまな問題」について調べたことを学級で発表することになりました。次の［発表原稿］［資料］［メモ］を読んで、後の問いに答えなさい。（三重県・改）

［発表原稿》］

A 私は、食品ロスについて調べました。食品ロスとは、食べられるのに廃《はい》棄される食品のことで、消費者庁によると、日本の平成二十六年度の食品ロスは、六百二十一万トンでした。これは、一人あたりの食品ロスの量を試算すると、お茶わん一杯《いっぱい》分の食品が、毎日捨てられているということになります。

B 社会でのさまざまな取り組みにより、食品ロスの量は少しずつ減ってきていますが、まだまだ大きな社会問題です。

C 日本の食品ロスの約半分にあたる二百八十二万トンは、一般《いっぱん》家庭からのものです。一般家庭における食品ロスで最も多いのは、調理をするときに、野菜や果物の皮を厚くむきすぎたり、肉などの脂《あぶら》の多い部分を取り除いたりすることによって出るものです。次に多いのは、食事の作りすぎなどによる食べ残しです。その次に多いのは、買ったものを食べずに期限が切れてしまい、そのまま捨てるものです。

D では、私たちは、このような食品ロスの対策として、何をすればよいのでしょうか。私は、一人ひとりが、もったいないという意識をもって、日頃の生活を見直すことが大切だと考えます。そこで、食品ロスを減らすために、次の三つの取り組みを提案します。一つ目は、必要なものだけを買い、その日に食べる分だけを料理するようにすることです。しっかり献立《こんだて》を考えることで、買いすぎや作りすぎを防ぎます。二つ目は、料理が余ってしまったら、ほかの料理に作りかえることです。献立を工夫《くふう》することで、余った料理が、新しい一品になります。三つ目は、どうしても出てしまった生ごみを、肥料にすることです。生ごみは肥料にすることによって資源に生まれ変わり、その肥料を畑などで利用して、作物を育てることができます。

E このように、一人ひとりが、日頃の生活の中で、できることから取り組むことにより、食品ロスを少なくすることができると思います。

［資料］

日本の一般家庭における食品ロスの内訳（平成26年度）

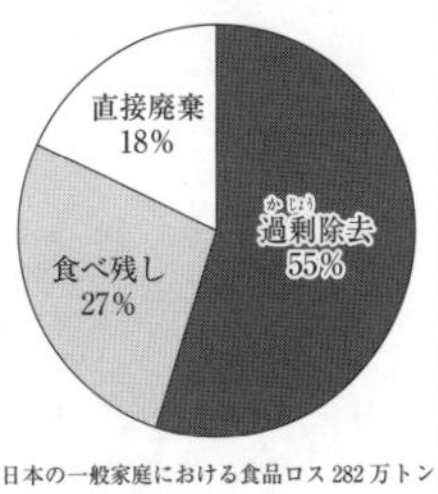

日本の一般家庭における食品ロス282万トンに対する割合を示す。
（消費者庁Webページから作成。）

［メモ］

①
・消費期限＝食べても安全な期限。
・賞味期限＝おいしく食べることができる期限。

②
・なす…へたは先だけ切り、残りは手で取る。
・キャベツ…芯《しん》は薄《うす》切りやみじん切りにして使う。
・にんじん…よく洗って、皮をむかずに使う。

③
・カレーが残ったら…
→カレーうどんを作る。

(1) ［資料］は、［発表原稿］の中のA～Eのどの説明をするときに提示するのが効果的か。最も適当なものを選び、記号で答えなさい。〔　　〕

(2) ［メモ］の①～③は、［資料］で示した、日本の一般家庭における食品ロスの内訳のどれに関連するものか。最も適当な組み合わせを次から選び、記号で答えなさい。〔　　〕

ア ①食べ残し ― ②過剰除去 ― ③直接廃棄
イ ①過剰除去 ― ②直接廃棄 ― ③食べ残し
ウ ①直接廃棄 ― ②過剰除去 ― ③食べ残し
エ ①過剰除去 ― ②食べ残し ― ③直接廃棄

(3) ゆうかさんの発表の要点をまとめた次の文の空欄にあてはまる言葉を、［発表原稿］の中から十一字で抜《ぬ》き出しなさい。

・食品ロスを少なくするために、一人ひとりが□をもって日頃の生活を見直し、できることから取り組むことが大切である。

入試対策テスト①

解答➡別冊15ページ

点／100点

❶ 次の古文を読んで、後の問いに答えなさい。〔50点〕〔長崎県〕

*博雅三位《はくがさんみ》の家に、盗人《ぬすびと》入りたりけり《入った。》。三品《三位は、》、板敷《いたじき》の下に逃《に》げかくれにけり《隠《かく》れた。》。盗人帰り、さて後《その後、》、はい出《い》でて家の中をみるに、のこりたる《残された》物なく、みなとりてけり《みな盗み出してしまっていた。》。ひちりき一つを*置物厨子《おきものづし》にのこしたりけるを《残していたのを、》、三位とりてふかれたりけるを《お吹《ふ》きになっていたのを》、①出でてさりぬる盗人、はるかに《遠くで》これを聞きて《その音色を聞き、》、感情おさへがたくして《感情がおさえられなくなって、》、帰りきたりていふやう《語ることには、》、「只今《ただいま》《たったいまの》の御《おん》ひちりきの音をうけたまはるに《お聴《き》きすると、》、あはれに《趣《おもむき》深く》たふとく候《さうら》ひて《高貴な音色でありまして、》、悪心みなあらたまりぬ《悪い心がすっかり改まりました。》。とる所《盗んだ》の物どもことごとく《すべて》にかへしたてまつるべし《お返しいたしましょう》」といひて、②みな《すべて》置きて出でにけり《出て行った。》。③むかしの盗人は、又《また》かく《このように、》いうなる心も有りけり。

（『古今著聞集《ここんちょもんじゅう》』より）

*博雅三位　平安時代中期の貴族。ひちりき（笛）の名手であった。
*置物厨子　棚《たな》。

(1) 波線部「みる」の主語を古文中から抜《ぬ》き出しなさい。〔10点〕

〔　　　〕

(2) 傍線《ぼうせん》部①「出でてさりぬる盗人」の意味として最も適当なものを次から選び、記号で答えなさい。〔10点〕

ア 三位の家を出て行った盗人。
イ 三位の家に残っていた盗人。
ウ 三位の家に戻《もど》って来た盗人。
エ 三位の家を出ようとした盗人。

〔　　　〕

(3) 二重傍線部「いふやう」を現代仮名遣《かなづか》いに直して、すべて平仮名で書きなさい。〔10点〕

〔　　　〕

(4) 傍線部②とあるが、「盗人」はなぜそのようにしたのか。三十字以内で答えなさい。〔10点〕

(5) 傍線部③は、この文章に書かれた出来事に対する筆者の感想を述べた部分である。「いうなる心」とはどのような心か。最も適当なものを次から選び、記号で答えなさい。〔10点〕

ア 弱者を憐《あわ》れむ心。　イ 自然を愛する心。
ウ 風流を理解する心。　エ 物を大切にする心。

〔　　　〕

❷ 次の漢文の書き下し文を読んで、後の問いに答えなさい。［50点］〔山口県〕

①＊聖人終身治を言ふも、用ひる所は其《そ》の言《げん》に非《あら》ざるなり。
聖人は生涯《しょうがい》国の治め方について発言するが、（人を動かすために）用いるのは、言葉ではないのである

言ふ所以《ゆゑん》を用ひるなり。歌ふ者は詩有り。然《しか》れども人をして之《これ》を善く
発言のもととなる心を用いるのである　人に　歌をうまく

せしむる者＊は、其の詩②に非ざるなり。
歌わせるもの

＊鸚鵡《あうむ》能《よ》く言へども、言に長ぜしむべからず。是《こ》れ何となれば則《すなは》ち
言葉を発することができるが、言葉を上達させることはできない

其の言ふ所を得《う》れども、其の言ふ所以を得ざればなり。
人の発する言葉を身につけられるが　得られないからである

故《ゆゑ》に③迹《あと》に循《したが》ふ者は、能く迹を生ずる者に非ざるなり。
先人の足跡《そくせき》をなぞる者　自分の足跡を残せる人物

（『淮南子《えなんじ》』より）

＊聖人　高い学識や人徳をもつ、理想的な人。
＊者　「物」と同じ。もの。
＊鸚鵡　鳥の名前。人の言葉をまねる。

(1) 傍線部①「聖人終身治を言ふも」は、「聖人終身言治」を書き下し文に改めたものである。書き下し文を参考にして、「聖人終身言《フモ》治《ヲ》」に返り点を補いなさい。［10点］

聖 人 終 身 言《フモ》 治《ヲ》

(2) 傍線部②「詩」とあるが、「聖人」の例において、この「詩」に対応する語は何か。書き下し文の中から抜《ぬ》き出しなさい。［10点］

〔　　　〕

(3) 次の会話は、傍線部③の解釈《かいしゃく》に関する、AさんとBさんのやりとりである。空欄《くうらん》Ⅰ・Ⅱにあてはまる適切な内容を答えなさい。なお、Ⅰには五字以内の現代語で答え、Ⅱには最も適当なものを後から選び、記号で答えなさい。［各15点］

Aさん　「鸚鵡」の例では、鸚鵡は人の言葉の［Ⅰ］ことはできるが、言葉を上達させることはできないということが、書かれていました。
Bさん　そうですね。この鸚鵡の例と対応させて考えてみると、「迹に循ふ者」の例は、ただ単に先人の考えをそのまま受け入れたり、先人の行動をそのまま行ったりするだけで、後世に名前を残すことはできないということになりますね。
Aさん　つまり、後世に自分の名前を残せるような人物は、物事を行うときの［Ⅱ］をもっているということでしょうね。

ア 根本となるもの
イ 表面に現れているもの
ウ 規則に沿うもの
エ 形式を重視したもの

Ⅰ［　　　　　］
Ⅱ〔　　〕

入試対策テスト②

解答 ⬇ 別冊16ページ

次の文章を読んで、後の問いに答えなさい。（茨城県）

「何が言いたいのかがわからない」対話は、テーマが明らかでないのと同様、「何を話しているのかわからない」ということになりますね。その「テーマ」について①「何が言いたいのか」がはっきりと相手に見えなければなりません。

ところが、その「言いたいこと」がなかなか見出《みいだ》せないあなたには、どのような課題があるのでしょうか。

「言いたいこと」を見出すために、あなたは、おそらくまず「情報の収集を」と考えていませんか。情報がなければ、構想が立てられない、だから、まず情報を、というのがあなたの立場かもしれません。

しかし、この発想をまず疑ってみてください。

情報といえば、まずテレビでしょうか。それから、もちろんのこと、インターネットの存在は、日々の生活や仕事の中で不可欠なものです。インターネットの普及《ふきゅう》は、情報の＊概念《がいねん》を大きく変えたといってもa過言ではないでしょう。インターネットの力によって、世界中のさまざまな情報が瞬《しゅん》時《じ》にして地球上のあらゆるところまで伝わるようになりました。その他、ラジオ、新聞、雑誌等を含《ふく》めた、各種のメディアの力による情報収集の方法を、わたしたちは無視するわけにはいきません。しかも、こうしたメディアが、あなた自身の自覚・無自覚にかかわらず、いつの間にかわたしたちの仕事や生活のための情報源になっているということはもはや否定できない事実でしょう。

しかし、よく考えてみてください。それらの情報の速さと量は、決して情報の質そのものを高めるわけではないのです。たとえば、インターネットが一般《いっぱん》化するようになってから、世界のどこかで起きた一つの事件について、地球上のすべての人々がほぼ同時に知ることが可能になりました。しかし、その情報の質は実にさまざまであり、決して同じではないのです。［A］、その情報をもとにしたそれぞれの人の立場・考え方は、これまた千差万別です。

こう考えると、一つの現象をめぐり、さまざまな情報が蝶《ちょう》のようにあなたの周囲を飛び回っていることがわかるはずです。大切なことは、そうした諸情報をどのようにあなたが自分の目と耳で切り取り、それについて、どのように自分のことばで語ることができるか、ということではないでしょうか。

もし、自分の固有の立場を持たなかったら、さまざまな情報を追い求めることによって、あなたの思考はいつの間にか停止を＊余儀《よぎ》なくされるでしょう。＊言説資料による、さまざまな情報に振《ふ》り回されて右往左往する群衆の一人になってしまうということです。

だからこそ、情報あっての自分であり、同時に、自分あっての情報なのです。

情報の問題に関連して、ここには、ある共通の問題が潜《ひそ》んでいることが多いものです。

一つは、知らないことを知りたい、わかりたい、だから調べたい、というものです。

もう一つは、自分の知っていることをみんなに教えてあげたい、というものです。

まず、「知りたい、わかりたい、調べたい」という意欲そのものは、人間の好奇心《こうきしん》のb一端としてとても重要です。ただ、そうした情報を得たいと思うだけでは②対話は成り立たないのです。もう一歩踏《ふ》み込《こ》んで、「なぜ自分

点／100点

は○○が知りたいのか」というところまで突《つ》き詰めないと、あなた自身の立場が見えてこないからです。ここでいう立場というのは、テーマについて自分がどう考えているかというあなた自身のスタンス*というものです。

　次に、「教えてあげたい、知らせたい」というのも、ほぼ同じ構造を持っています。これも、自分の知っている知識や情報を、知らない人に与《あた》えようとする発想から出ているわけで、「知りたい、わかりたい、調べたい」とは反対のベクトル*ではありますが、やはり知識・情報のやりとりのレベルにとどまっているからです。単なる知識・情報のやりとりだけでは、自分の固有の主張にはなりにくいため、展開される議論そのものが表面的で薄《うす》っぺらなものになってしまうのです。

　［B］、知識・情報を求めることが悪いといっているのではありません。前述のように、そのこと自体は、人間の好奇心を満たすものであり、前向きに考えるための重要なきっかけではあります。

　しかし、自分の「考えていること」を相手に示し、それについて相手から意見をもらいつつ、また、さらに考えていくという活動のためには、情報を集め、それを提供するという姿勢そのものが相手とのやりとりにおいて壁《かべ》をつくってしまうことに、気づかなければなりません。対話という行為《こうい》は、後にもくわしく述べるように、とてもインターラクティブ（相互《そうご》関係的）な活動です。相手あっての自分であり、自分あっての相手です。こうした関係性の中で、情報を提供する／受けとるだけという、表層的なやりとりでは、そうした相互作用がきわめて起こりにくくなるのです。

（細川英雄《ほそかわひでお》「対話をデザインする――伝わるとはどういうことか」より）

＊概念　大まかな意味内容。
＊余儀なくされる　しないわけにはいかなくなる。
＊言説資料　言葉で説明した資料。
＊スタンス　事に当たる姿勢。立場。
＊ベクトル　物事の動いていく方向。方向性。

(1) 二重傍線《ぼうせん》部a～cの漢字の読みを平仮名《ひらがな》で書きなさい。［各10点］

a〔　　〕　b〔　　〕　c〔　　〕

(2) 文章中の空欄《くうらん》A・Bにあてはまる言葉の組み合わせとして最も適当なものを次から選び、記号で答えなさい。［20点］

ア　A そして　B なぜなら　　イ　A しかも　B もちろん
ウ　A ただ　B たしかに　　エ　A もし　B たとえば

〔　　〕

(3) 傍線部①とあるが、言いたいことがはっきりと相手に見えるようにするために、何をすることが必要だと筆者は述べているか。それについて述べた次の文の空欄にあてはまる内容を、「情報」「立場」「語る」という言葉を使って、四十字以上四十五字以内で答えなさい。［30点］

・まず「情報の収集を」と考える自身の発想を疑って、［　　］こと。

(4) 傍線部②「対話」とあるが、対話とは何かを具体的に説明している部分を、文章中から五十四字で探し、初めと終わりの五字を抜《ぬ》き出しなさい。［完答20点］

初め［　　　　　］　終わり［　　　　　］

入試対策テスト③

解答⬇別冊16ページ

次の文章を読んで、後の問いに答えなさい。〔静岡県・改〕

*架橋《かきょう》には、ちょうど真ん中に操作室があって、大型の船が入り江《え》に入るときに水平可動する仕組みになっていた。その操作室の屋根に風見と風力計が取りつけてある。羽根車が勢いよく回転する日は、白ウサギの跳躍《ちょうやく》に似た波が海面を走る。すると、紺野《こんの》先生の受け持つ生徒のひとりが、必ず学校を休んだ。

少年は、岬《みさき》の一部をちぎって投げたような、目と鼻の先にある小さな島に住んでいた。しかし、波が荒《あら》い日は渡《わた》し船が通わず、少年は島から一歩も出ることができないのである。ひと家族しか住んでいない小さな島で、定期船はなく、渡し船は少年の祖父が*操舵《そうだ》する。

「先生、あの卵、あすには孵《かえ》るかもしれませんね。」

「そうだね、そろそろだから。」

学校の飼育器では、人工孵化《ふか》をしている*チャボの卵が、もうすぐ孵るはずだった。祖父の船で島へ帰る間際《まぎわ》、①少年はしきりに翌日の天候を気にしていた。暮れなずむ天《そら》は、うす紫《むらさき》と*藍《あい》に染まり、たなびく夕もやを突《つ》き抜けて火炎《かえん》の帯が一筋走っている。無線から、快晴だが強風であるとの予報が流れた。春の海風は気まぐれで、風向きは安定しない。少年の祖父も予想がつかないと苦笑いした。

強風ならば、渡し船を出せないだろうとも言い、かたわらの少年は浮《う》かない顔をして帰りの船に乗りこんだ。紺野先生は自分の下宿に少年を泊《と》めてもよいと提案したが、彼の祖父は、孵化の場面に立ち合うのと同じくらい、望みが叶《かな》わないことを辛抱《しんぼう》する気持ちも大事だと少年を諭《さと》した。夕闇《やみ》のなか、*群青《ぐんじょう》の*水尾《みお》をひいて船は島へ向かった。

翌朝、紺野先生は早起きをした。入り江の架橋にある風向計のことが気になった。南西風が吹《ふ》きつけ、勢いよく回転している。雲ひとつない快晴だったが、海面には白い角のような波が見えた。少年が案じていたとおり、船は渡れそうもない。次に、学校の理科室へ急いだ紺野先生は、飼育器の卵のようすを観察した。何ともいえないが、紺野先生の勘《かん》では今日中に孵化しそうである。その足で高台の気象観測所まで行き、岬の突端《とったん》にあって見晴らしもよいその場から、少年の住む島を眺《なが》めた。

A〔つないである船が見える。近くに人影《ひとかげ》があるように思い、観測所の双眼《そうがん》鏡《きょう》を借りてのぞいた。やはり、あの少年がいる。鞄《かばん》を手に、落ちつかないようすで船の付近を行きつ戻《もど》りつしている。*舫《もや》い杭《ぐい》の近くに取りつけた風力計は、ちぎれて吹き飛ばされそうだった。風が強い。そこへ少年の祖父も姿を見せて、ふたりで何やら話をしている。じきに並んで家のほうへ歩きだした。〕

飼育器の卵をずっと見守ってきた親代わりの生徒たちにとって、孵化の場面に立ち合うことは、どんなにか満足を覚えることだろう。あれほどの強度を持った殻《から》を、まだ目もあかないひな鳥が、渾身《こんしん》の力をこめて毀《こわ》すのである。強風のために入り江の架橋も閉鎖《へいさ》され、遠回りを余儀《よぎ》なくされた生徒たちは、いつもより遅《おく》れて登校してきた。

その朝、飼育器の卵から、ひな鳥の鳴く声が聞こえた。皆《みな》がほかの授業を受けているときは紺野先生が見守っている。殻にひびが入ったら、知らせに行くと約束をした。その紺野先生のところへ、無線機を使った通信が入った。

「先生、*ハッチ・アウトはどうです。始まりましたか。」

島に住む、あの少年である。

「まもなくだよ。」

点／100点

ちょうど、ひびが入り始めたので、紺野先生は送信機を卵のすぐ近くへ置いて生徒たちを呼びに行った。紺野先生が戻り、ほかの授業をしていた生徒たちが飼育器のまわりに集まったとき、卵の殻にはすでに小さな穴があいていて、ひな鳥のくちばしの先が見えた。無線機の少年が言う。

「先生、もしかしたら、殻の破れる最初の瞬間《しゅんかん》に立ち合ったのはぼくだけですか。」

「そのようだね。声を聞いたかい。」

②「ええ、もちろん。」明朗な声が答えた。その場にいた生徒たちが羨《うらや》んだのは言うまでもない。それから、ひな鳥は休みながら少しずつ殻を破り、数十分かけてようやくクシャクシャの全貌《ぜんぼう》をあらわした。やがて、ぬれてしぼんでいた羽がふくらみ、*キャラコの毛糸のようになった。

翌日は風がおさまった。紺野先生は無線機に耳をそばだてていたあの少年に、ひなが残した卵の殻を手渡した。少年は最初のひとかけらに違《ちが》いない小さな一片《いっぺん》を、愛《いと》おしげに手のひらにのせている。

（長野《ながの》まゆみ「夏帽子《なつぼうし》」より）

*架橋　ここでは、入り江に架けられた橋。　*操舵　船を進めるためにかじを操作すること。
*チャボ　小形の鶏《にわとり》。　*藍　濃《こ》い青色。　*群青　鮮《あざ》やかな青色。
*水尾　船が通った後に残る水の筋。　*舫い杭　船をつなぎとめるために立てた柱。
*ハッチ・アウト　孵化。　*キャラコ　薄《うす》くて光沢《こうたく》のある綿布。

(1) 傍線《ぼうせん》部①とあるが、「少年」が翌日の天候を気にしているのは、いくつかの状況《じょうきょう》をふまえてのものである。その状況として適当でないものを次から一つ選び、記号で答えなさい。[20点]

ア 強い風が吹いて波が高くなること。
イ 飼育器の卵がもうすぐかえりそうだということ。
ウ 祖父が操舵する渡し船が出なくなりそうだということ。
エ 入り江の架橋が閉鎖され遠回りをすること。

〔　　〕

(2) 波線部「高台」は、上の漢字を訓、下の漢字を音で読む「湯桶《ゆとう》読み」とよばれる読み方をする熟語である。次から「湯桶読み」をするものを二つ選び、記号で答えなさい。[各15点]

ア 雨具　イ 番組　ウ 荷物
エ 若者　オ 着陸

〔　　〕〔　　〕

(3) 文章中のAで示した部分の表現の特徴《とくちょう》として最も適当なものを次から選び、記号で答えなさい。[20点]

ア 文末に体言止めを多用することで、簡潔で引き締《し》まった印象を与《あた》えている。
イ 比喩《ひゆ》表現を用いることで、「少年」の心情を効果的に表すとともに読者に親近感を与えている。
ウ 短い文を多く用いてその場の状況を語ることで、臨場感を高める効果をもたせている。
エ 回想的な場面を挿入《そうにゅう》することで、何気ない日常と過去につながりをもたせている。

〔　　〕

(4) 傍線部②から、「少年」が喜んでいることと、その場にいた生徒たちが羨んでいることがわかる。「少年」が喜び、生徒たちが羨んでいるのは、どのような出来事があったからか。その出来事を、「少年」が喜ぶきっかけとなった紺野先生の行動を含《ふく》めて、「という出来事。」に続くように五十字以内で答えなさい。[30点]

（解答欄）40　50

という出来事。

初版
第 1 刷　2021年 4 月 1 日　発行

●編 者
数研出版編集部
●カバー・表紙デザイン
有限会社アーク・ビジュアル・ワークス

発行者　星野 泰也

ISBN978-4-410-15056-2

チャート式®シリーズ　中学国語　準拠ドリル　古典・読解

発行所　**数研出版株式会社**
〒101-0052 東京都千代田区神田小川町２丁目３番地３
〔振替〕00140-4-118431
〒604-0861 京都市中京区烏丸通竹屋町上る大倉町205番地
〔電話〕代表（075）231-0161
ホームページ　https://www.chart.co.jp
印刷　創栄図書印刷株式会社
乱丁本・落丁本はお取り替えいたします　210301

チャート式®
シリーズ

中学

国語

古典・読解

準拠ドリル

答えと解説

1 竹取物語《たけとりものがたり》 ↓本冊4ページ

1 (1) a よろず　b つかいけり　(2) 係り結び　(3) ウ
2 (1) この山の名を何とか申す。　(2) イ　(3) ① ア　② ウ
3 (1) 火をつけて燃やす　(2) ぞ

解説

1 (1) 歴史的仮名遣《かなづか》いの「づ」は、現代仮名遣いでは「ず」に直す。語頭以外の「は・ひ・ふ・へ・ほ」は「わ・い・う・え・お」に直す。

くわしく！ 歴史的仮名遣い……チャート式シリーズ参考書 ≫232ページ

(2) 古文には係り結びという特別な文の結び方がある。係りの助詞があるときに、文末（結びの部分）が決まった活用形に変化するというものであり、強調・疑問・反語などを表すときに使われる。

くわしく！ 係り結び……チャート式シリーズ参考書 ≫233ページ

(3) 「あやし」のように、現代語にもあるが、現代語とは異なる意味をもつ言葉に注意しよう。

くわしく！ 重要古語……チャート式シリーズ参考書 ≫235ページ

【現代語訳】→チャート式シリーズ参考書245ページ

2 (1) 「と問ふ。」とあるところの直前が会話文である。

(2) 現代語訳は「天人の格好をした女が、山の中から出てきて」となる。

(3) ① 「まうで来《く》」は「詣で来」と書き、「来《く》」の謙譲語《けんじょうご》である。「来る」の謙譲語を使って「参りました」と訳されているアが正解。

② 「のたまふ」は「言ふ」の尊敬語で「おっしゃる」という意味。

くわしく！ 敬語……チャート式シリーズ参考書 ≫234ページ

【現代語訳】→チャート式シリーズ参考書245ページ

3 (1) 直前の一文に注目する。「仰《おほ》せたまふ」の「仰せ（仰す）」は「言ふ」の尊敬語。また「〜たまふ」は「お〜になる」の意味の尊敬語である。主語である帝《みかど》への敬意を表しており、現代語訳では「ご命令になる」となる。その帝のご命令の内容を、1行目から読み取る。

(2) 係りの助詞には、「ぞ」「なむ」「や」「か」「こそ」などがある。

【現代語訳】→チャート式シリーズ参考書246ページ

2 枕草子《まくらのそうし》 ↓本冊6ページ

1 (1) a 例 明け方　d 例 趣がある（おもしろい）　(2) b ようよう　c なお　(3) ウ
2 (1) イ　(2) ① 夕暮れ　② 雁（雁など）　③ 風の音　④ 虫の音〈③④順不同〉　(3) イ　(4) 火桶の火
3 (1) a イ　b ア　(2) ウ

解説

1 (1) a 「あけぼの」は、ほのぼのと夜が明ける頃《ころ》を指す。d 蛍《ほたる》が多く飛び交《か》っているのもよいし、ほんの一匹二匹《いっぴきにひき》ほのかに光って飛んで行くのも趣《おもむき》がある、と夏に見られるよいものを挙げている文である。

(2) b 「au」は「ô」と読むので、「やう」（yau）は「よう」（yô）と読む。

くわしく！ 歴史的仮名遣《かなづか》い……チャート式シリーズ参考書 ≫232ページ

(3) 「夏は夜」から始まる段落で挙げられていないものを選ぶ。闇《やみ》の中、蛍が多く飛び交っているのがよい、と述べてはいるが、ウ「薄暗《うすぐら》い場所」はよいものとして挙げられているわけではない。

【現代語訳】→チャート式シリーズ参考書249ページ

2 (1) 「さへ」は「〜までも」という意味。また、「あはれなり」は「しみじみとした趣がある」という意味で、「をかし」と似た言葉である。

(2) 秋のよいものとして挙げられているものは、「秋は夕暮れ。」から始まる段落にある。その段落から、空欄《くうらん》の前後に着目して答える。

くわしく！ 重要古語……チャート式シリーズ参考書 ≫235ページ

(3) 「つきづきし」は「似つかわしい」という意味。

(4) 冬については、「冬はつとめて。」から始まる段落に書かれている。「冬のよくないもの」を答えるので、最後の「わろし」に着目し、白い灰になった火桶《ひおけ》の火が「よくない」と書かれていることを読み取る。

【現代語訳】→チャート式シリーズ参考書249ページ

3 (1) a「仰せらる」の「仰せ（仰す）」は「言ふ」の尊敬語。「らる」は尊敬の助動詞。動作主は二重敬語が使われるほど身分の高い人物だとわかるので、イが適当。b 清少納言《せいしょうなごん》が、中宮定子《ちゅうぐうていし》に「香炉峰《こうろほう》の雪いかならむ。」と聞かれて、それに答えるために御簾《みす》を上げたのである。

(2) 清少納言が御簾を上げたことで、中宮定子が笑い、そばにいた女房《にょうぼう》たちが感心している。このことから、清少納言は中宮定子の期待通りの行動をとって、女房たちに感心されたのだとわかる。

くわしく！ 敬語から主語をとらえる……チャート式シリーズ参考書 ≫235ページ

【現代語訳】→チャート式シリーズ参考書250ページ

3 平家物語《へいけものがたり》 ↓本冊8ページ

1 (1)ア (2)ひとえに (3)ア
2 (1)①平家 ②陸 ③くつばみ (2)ウ
3 (1)ひやうど（ひやう）・ひいふつと（ひいふつ）〈順不同〉 (2)①ぞ ②連体形 ③ア

解説

1 (1)「祇園精舎《ぎおんしょうじゃ》の鐘《かね》の声」—「沙羅双樹《しゃらそうじゅ》の花の色」、「諸行《しょぎょう》無常の響《ひび》きあり」—「盛者必衰《じょうしゃひっすい》の理《ことわり》をあらはす」がそれぞれ対《つい》になっている。

(3)「諸行無常」「盛者必衰」「春の夜《よ》の夢」「風の前の塵《ちり》」などから、この世のすべてのものは変わりやすく、今ある盛《さか》りもいつかは消えるという無常観の思想が貫《つらぬ》かれていることがわかる。

【現代語訳】→チャート式シリーズ参考書253ページ

2 (1) 対句になっていることを手がかりに読み取る。〈どこで〉は「沖には」—「陸《くが》には」、〈誰《だれ》が〉は「平家」—「源氏《げんじ》」、〈何をしながら〉は「舟を一面に並べて」—「くつばみを並べて」でそれぞれ対になって描写《びょうしゃ》されている。

(2)「射損ずるものならば、弓切り折り自害して」とあり、死を覚悟《かくご》していることがわかる。

【現代語訳】→チャート式シリーズ参考書253ページ

3 (1)「ひやうど（ひやう）」はかぶら矢を放った音を表し、「ひいふつと（ひいふつ）」は矢が扇《おうぎ》の要《かなめ》近くを射切った音を表す擬音《ぎおん》語である。

(2) ②係りの助詞「ぞ」の結びの部分は連体形になる。
③係りの助詞「ぞ」を使った係り結びは、強調を表す。

くわしく！ 係り結び……チャート式シリーズ参考書 ≫233ページ

【現代語訳】→チャート式シリーズ参考書254ページ

4 徒然草《つれづれぐさ》 ↓本冊10ページ

1 (1)①ウ ②イ (2)あやしゅう
2 (1)おわしけれ (2)①こそ ②已然形 (3)エ
3 (1)ア・オ〈順不同〉 (2)ア

解説

1 (1) ①「つれづれなり」は「何もすることがなく退屈《たいくつ》だ」という意味。

(2)「iu」は「yû」と読むので、「しう」（siu）は「しゅう」（syû）と読む。

くわしく！ 歴史的仮名遣《かなづか》い……チャート式シリーズ参考書 ≫232ページ

2 (2) ②係りの助詞「こそ」の結びの部分は已然《いぜん》形になる。

【現代語訳】→チャート式シリーズ参考書257ページ

(3)「先達《せんだち》」は先導者のこと。案内してくれる人がいれば、山の上の石清水八幡宮《いわしみずはちまんぐう》を拝まずに帰ることはなかったのである。

くわしく！ 係り結び……チャート式シリーズ参考書 ≫233ページ

【現代語訳】→チャート式シリーズ参考書257ページ

3 (1)「家の作りやうは、夏をむねとすべし」とあるので、アが適当。また「造作《ぞうさく》は、用なき所を作りたる、見るもおもしろく、万《よろづ》の用にも立ちてよし」とあるので、オが適当。

(2)「はべり」は丁寧《ていねい》語。ここでは補助動詞で、「〜ます」「〜でございます」「〜です」と訳す。

くわしく！ 敬語……チャート式シリーズ参考書 ≫234ページ

【現代語訳】→チャート式シリーズ参考書258ページ

5 万葉集《まんようしゅう》・古今和歌集《こきんわかしゅう》・新古今和歌集《しんこきんわかしゅう》 ↓本冊12ページ

1 ①ますらをぶり ②柿本人麻呂 ③平安 ④たをやめぶり
⑤在原業平 ⑥藤原定家
2 (1)二・四〈順不同〉 (2)ウ
3 (1)A (2)A・B〈順不同〉 (3)Aイ Dウ (4)二
(5)ア・ウ〈順不同〉
4 (1)夏 (2)ウ

解説

1 「幽玄《ゆうげん》」は『新古今和歌集《しんこきんわかしゅう》』で重視されている「奥《おく》深い美」を意味する言葉。

2 (1) 現代語訳すると、「春が過ぎて夏が来たらしい」と「真っ白な衣が干してある」で意味が切れているとわかる。

くわしく! 和歌の句切れ……チャート式シリーズ参考書 ≫239ページ

(2) この「児《こ》」は女性を表している。「愛《かな》し」は「愛《いと》しい」という意味で、男性が女性に向けて、愛しい思いを詠《よ》んだ歌である。

【現代語訳】 A→チャート式シリーズ参考書261ページ

B 多摩川《たまがわ》で洗う手織りの布をさらさらとさらすように、さらにさらに、どうしてこの子がこんなにも愛しいのか。

3 (1) Aの五句「かれぬとおもへば」が八音である。

くわしく! 和歌の形式……チャート式シリーズ参考書 ≫238ページ

(2) A・Bともに係りの助詞の「ぞ」がある。

くわしく! 係り結び……チャート式シリーズ参考書 ≫233ページ

(3) Aは「離《か》れる」と「枯《か》れる」を掛けている。D「序詞《じょことば》」は枕詞と似ているが、枕詞はある特定の語を導くために、その語の直前に置かれ、五音のものが多い。一方、序詞は音数に制約はなく、作者が自由に作ったものである。

くわしく! 和歌の表現技法……チャート式シリーズ参考書 ≫239ページ

(4) 現代語訳を参考に、意味が切れている句を探すと、「聞かず」(聞いたことがない)の後に句点をうつことができ、意味が切れているとわかる。

(5) 「ちはやぶる」が枕詞である。倒置《とうち》も使われている。

【現代語訳】

B 秋が来たと、目にははっきりとは見えないが、風の音に(秋を感じて)はっと気づかされた。

4 (1) 夏の暑い中なので、柳《やなぎ》かげが気持ちよく立ち止まったのである。

(2) もとの歌を「本歌《ほんか》」という。

くわしく! 縁語《えんご》と本歌取り……チャート式シリーズ参考書 ≫239ページ

【現代語訳】

A 道のほとりにある清水《しみず》が流れるそばの柳の木陰《こかげ》よ。少しの間と(思って)立ち止まったのだが(長い時間を過ごしてしまった)。

6 おくのほそ道《みち》 ↓本冊14ページ

1 (1)過客〈旅人〉
(2)例舟の上で一生を暮らす船頭〈12字〉
例馬のくつわを取って老いていく馬子〈16字〉〈順不同〉
(3)エ (4)dいずれ fこえん (5)ウ (6)①二 ②ア旅 イ雛人形
2 (1)エ (2)エ

解説

1 (2) ――線bの主部は「舟の上に生涯《しょうがい》を浮《う》かべ、馬の口とらへて老いを迎《むか》ふる者は」である。

(3) 古人に憧《あこが》れているので、自分も旅に出るのである。

(4) 歴史的仮名遣《かなづか》いの「づ」は、現代仮名遣いでは「ず」に直す。助動詞「む」は「ん」に直す。

くわしく! 歴史的仮名遣い……チャート式シリーズ参考書 ≫232ページ

(5) 『おくのほそ道』では、地の文でも対句《ついく》や比喩《ひゆ》・掛詞《かけことば》などの技法が多く使われている。

(6) ① 「草の戸も住み替《か》はる代《よ》ぞ」で意味が切れているので、二句切れである。

② 「股引《ももひき》の～灸《きゅう》すゆる」は旅の準備である。旅に出るので「住めるかたは人に譲《ゆず》」ったのである。その譲《ゆず》った家に雛《ひな》人形が飾《かざ》られているだろうという句である。

【現代語訳】→チャート式シリーズ参考書264ページ

2 (1) この「が」は「の」という意味を表す。
(2) 兵《つわもの》どもがいた跡《あと》は夢のようになくなっているという句である。

【現代語訳】

（藤原《ふじわら》氏）三代の栄華《えいが》は（ひと眠《ねむ》りのように）はかなく消えて、（藤原氏の居館の正門である）南大門の跡は一里ほど手前にある。秀衡《ひでひら》たちのいた居館の跡は田野《でんや》になっていて、（秀衡がつくった小山の）金鶏山《きんけいざん》のみ形を残している。まず、（源義《みなもとのよし》経《つね》の居館の跡の）高館《たかだち》に登ると、（見えるのは）北上川《きたかみがわ》で、南部地方より流れる大河である。衣川《ころもがわ》は、和泉《いずみ》が城を回り流れて、高館の下から大河に合流する。泰衡《やすひら》たちのいたところは、衣《ころも》が関《せき》を隔《へだ》てたところにあり、南部口を厳しく防備し、（東北・北海道にいる敵である）夷《えぞ》から守っていたと見えた。それにしても（義経が）忠臣をえりすぐってこの城に立てこもり、功名を立てたがそれも一時で今は草むらである。「国破れて山河あり、城春にして草青みたり」と（漢詩の一節を思い出し）笠《かさ》を敷《し》いて腰《こし》かけ、時間が過ぎるまで涙《なみだ》を落としました。

夏草や兵どもが夢の跡（夏草が生い茂《しげ》っている。兵どもが戦った跡は夢のようになくなっている。）

古典編 古文を読む

7 物語

チェック ➡本冊16ページ

1 (1) ただよえる　(2) あいたたかわん　(3) もうできたる
2 (1) イ　(2) ア　(3) ウ
3 (1) イ　(2) ア
4 (1) かぐや姫　(2) 竹取

解説

2 (1)「のたまふ」は「言ふ」の尊敬語。
(2)「申す」は「言ふ」の謙譲《けんじょう》語。
(3)「たまふ」はここでは尊敬の補助動詞で「お～になる」と訳す。

くわしく！ 敬語……………… チャート式シリーズ参考書 ≫234ページ

3 (1)「え～ぬ（終止形は「ず」）」で「～できない」という意味になる。

4 (1) 思い悩《なや》んでいるかぐや姫《ひめ》が、泣いているのである。
(2) 前の文の主語「竹取」が、続けて――線部の主語となっている。

トライ ➡本冊17ページ

(1) ア　(2) b イ　e オ　(3) まどえど、かいなし　(4) エ

解説

(1)「いとほし」「かなし」はここでは「気の毒だ」「かわいそうだ」という意味。
(2) b 天《あま》の羽衣《はごろも》を着たかぐや姫が、月へ帰ったのである。e「せ」はここでは尊敬を表す。「たまふ」も「お～になる」の意の尊敬語で、「せたまふ」は二重敬語であり、身分の高い人が動作主であることがわかる。
(4) 翁《おきな》と嫗《おうな》にとっては血の涙《なみだ》を流すほど、かぐや姫との別れがつらかったことから考える。

【現代語訳】

（天人《てんにん》がかぐや姫に）さっと天の羽衣を着せて差し上げると、翁を、「気の毒だ、かわいそうだ。」とお思いになっていたことも消えた。この羽衣を着た人は、もの思いが消えてしまうので、（かぐや姫は）空を飛ぶ車に乗って、百人ほど天人を連れて、（月へ）昇《のぼ》った。

その後、翁と嫗（おばあさん）は、血の涙を流して心を乱したが、どうしようもない。あの（かぐや姫が）書き置いた手紙を読んで聞かせても、「何のために命が惜《お》しいだろうか、いや惜しくない。誰《だれ》のために（命を惜しむだろう）か。（いや惜しまない。）何事もかいがない。」と言って、（かぐや姫が置いていった不死の）薬も飲まず、そのまま起き上がることもしないで、病《や》んでふせってしまった。

（帝《みかど》の側近の）中将《ちゅうじょう》は、（竹取の翁の家に派遣《はけん》された）人々を連れて帰って参上して、かぐや姫を、戦って留めることができなかったことを、こまごまと（帝に）申し上げる。薬の壺《つぼ》に（かぐや姫の）お手紙を添えて、差し上げる。（帝は）広げて御覧《ごらん》になって、たいそうしみじみとお感じになられて、何もお召《め》し上がりにならない。音楽の演奏などもなくなった。

大臣や、上達部《かんだちめ》（といった位の高い人たち）をお呼びになって、「どこの山が天に近いか」とお尋《たず》ねになると、ある人が申し上げることには、「駿河《するが》の国にある山は、この都も近く、天も近くございます。」と申し上げる。

8 随筆《ずいひつ》

チェック ↓本冊18ページ

1 (1) あじきなし (2) かたえなる (3) そうなき (4) くちおし

2 (1) 係りの助詞…こそ　文末の活用形…已然形　表す意味…ア

(2) 係りの助詞…ぞ　文末の活用形…連体形　表す意味…ア

3 (1) なにがしの押領使などいふやうなるもの (2) 買ふ人

4 (1) ア (2) ウ

解説

2 係りの助詞の「こそ」の結びの文末は已然《いぜん》形、「ぞ」の結びの文末は連体形となる。

くわしく！ 係り結び……………… チャート式シリーズ参考書 ≫233ページ

3 (2) 「明日その値《あたひ》をやりて、牛を取らん」と言ったのは、牛を買う人である。

4 (1) 榊《さかき》に懸《か》けるとあるので、「ゆふ〔を〕」と〔を〕を補うとよい。

(2) 最後の「申しければ」の動作主が「或人《あるひと》」なので主語を表す〔が〕を補うとよい。

トライ ↓本冊19ページ

(1) 一人歩かん身は心すべきことにこそ

(2) 飼ひける犬 (3) ウ (4) ウ

解説

(1) 現代語訳を参考に、内容を読み取る。本文の2行目の「と思ひける」に着目し、その直前の部分を抜《ぬ》き出す。

(2) 最後の一文に「飼ひける犬の～飛びつきたりけるとぞ。」とあることから考える。

(3) 近所の人が、「家々より～走り寄りて」、法師を「抱《いだ》き起こし」たのである。

(4) 猫《ねこ》またの話を聞いて、気をつけなければならないと思っていた法師がどうなったかということから考える。

【現代語訳】

何とか阿弥陀仏《あみだぶつ》とかいう、連歌《れんが》を仕事のようにしていた法師で、行願《ぎょうがん》寺の辺りに住んでいた者が、（猫またの話を）聞いて、一人で歩く自分は気をつけなければならないことだと思っていたちょうどその頃《ころ》、ある所で夜が更《ふ》けるまで連歌をして、ただ一人で帰ったときに、小川のそばで、うわさに聞いた猫またが、ねらいどおり（法師の）足もとへすっと寄って来て、いきなり飛びつくやいなや、首のあたりを食おうとした。正気も失って、防ごうとしても、力が出ず、足も立たず、小川に転んで入って、「助けてくれ。猫まただ。おういおうい。」と叫《さけ》ぶと、（近所の）家々から、松明《たいまつ》を灯《とも》して（近所の人が）走って寄って見ると、この辺りで見知った僧（法師）であった。「これはどうしたことだ。」と言って、川の中から（法師を）抱き起こしたところ、連歌の賞品として取った、扇《おうぎ》・小箱などを懐《ふところ》に入れて持っていたのも、水につかっていた。（法師は）かろうじて助かった様子で、はうようにして家に入ったそうだ。

（実は、法師が）飼っていた犬が、暗いけれど主人とわかって、飛びついたということだ。

9 和歌・古典の俳句

チェック ↓本冊20ページ

1 (1) あしひきの (2) たらちねの

2 (1) 四 (2) 三 (3) 三

3 (1) 季語…五月雨　季節…夏 (2) 季語…きりぎりす　季節…秋

4 (1) や (2) かな (3) けり

5 (1) 初 (2) 二

解説

1 (1) 「あしひきの」は「山」を導く枕詞《まくらことば》。

(2) 「たらちねの」は「母」を導く枕詞。

くわしく！ 和歌の表現技法……………… チャート式シリーズ参考書 ≫239ページ

2 (1) 「潮《しほ》もかなひぬ」は、船出に都合よく潮も満ちてきた、という意味。ここで句点が入れられるので、意味が切れる。

(2) 「吹《ふ》きとぢよ」は、吹き閉じてくれ、という意味。ここで句点が入れられるので、意味が切れる。

(3) 「なかりけり」で句点が入れられるので、意味が切れる。

くわしく！ 和歌の句切れ……………… チャート式シリーズ参考書 ≫239ページ

4 切れ字は意味の切れ目に用いて、感動や詠嘆《えいたん》を表す。「や」「かな」「けり」など。

くわしく！ 古典の俳句の特徴《とくちょう》……… チャート式シリーズ参考書 ≫241ページ

5 (1) 切れ字のあるところが、句切れとなる。

(2)「か」で意味が切れている。

トライ ⬇本冊21ページ

(1) 二句切れ…D　三句切れ…C　(2) B・D・E〈順不同〉

(3) ① D　② C　③ A　④ B

(4) ① E季語…蛙　季節…春　F季語…菜の花　季節…春

② E イ　F ア

解説

(1) D「涼《すず》し」が終止形なので二句切れ。C「悲しけれ」は「こそ」の結び。ここで意味が切れているので三句切れ。

(2) B「吉事《よごと》」、D「夕暮れ」、E「おと」とそれぞれ体言で終わっている。

(3) ① D「ひさかたの」が「天」を導く枕詞《まくらことば》である。③ Aの和歌を詠《よ》んだ「防人《さきもり》」は九州の警備にあたる人で、地方から召集《しょうしゅう》された庶民《しょみん》が担《にな》っていた。④ Bよいことが雪のように重なってほしいと比喩《ひゆ》が使われている。

(4) ② E蛙《かえる》が池に飛び込《こ》んだ音が聞こえるのは、それ以外の音がなく静かということなので、イが適当。F「月は東に（出て）日は西に（沈《しず》む）」という、春の夕暮れ時の描写《びょうしゃ》である。

【現代語訳】

A　父母が頭をなでて無事であるようにと言った言葉が忘れられない。

B　新しい年の初めである新春の今日降る雪のようにさらに重なれ、よいことが。

C　月を見ればさまざまにもの悲しい思いが浮《う》かぶ。私一人だけに来た秋ではないけれど。

D　眺《なが》めていると自分の着物の袖《そで》が涼しくなった。ひさかたの天の川原の秋の夕暮れだ。

E　静かな中に古池に蛙が飛び込む水の音が響《ひび》いている。

F　一面に菜の花畑が広がっている。月は東に出て、日は西に沈んでいる。

古典編　漢文に親しむ

10 矛盾《むじゅん》・論語《ろんご》 ⬇本冊22ページ

1 (1) ① 例 堅い　② 例 鋭い

(2) 例 あなたの矛で、あなたの盾を突き通すとどうなるのか

(3) ① 盾　② 矛　(4) エ　(5) 故事成語

2 (1) 朋遠方より来たる有り　(2) イ　(3) 学ビテ　而　時ニ　習レフ　之ヲ　(4) 置き字

3 (1) 故きを温めて新しきを知れば　(2) ① 可シニ　以テ　為ルレ　師　矣　② 矣

(3) イ

解説

1 (1) ① 盾《たて》については「吾《わ》が盾の堅《かた》きこと、能《よ》く陥《とほ》すもの莫《な》きなり。」とある。傍訳《ぼうやく》を参考にすると「陥す」は「突《つ》き通す」という意味だとわかるので、突き通すものがないほど堅い盾だと言っていることになる。

② 矛《ほこ》については「吾が矛の利なること、物に於《お》いて陥さざる無きなり。」とある。「利」は「鋭《するど》い」という意味なので、突き通せないものがないほど鋭い矛だと言っていることになる。

(3)「突き通せるものがない」のは「盾」、「突き通せないものがない」のは「矛」である。

(4) この故事からできた言葉は「矛盾《むじゅん》」である。

【現代語訳】→チャート式シリーズ参考書272ページ

2 (1) 返り点にしたがって漢字を並べかえ、送り仮名をつける。「自《より》」は助詞にあたるので平仮名《ひらがな》で書く。

くわしく！ 返り点……… チャート式シリーズ参考書 ≫269ページ

(2) 自分を認めてくれなくても恨《うら》まない人が、人格者であると述べている。

(3)「而」は置き字で、読まないことに注意する。

(4) 主な置き字には「而」のほかに「矣」「焉」「於」「于」「乎」がある。

くわしく！ 主な置き字……… チャート式シリーズ参考書 ≫268ページ

【現代語訳】→チャート式シリーズ参考書272ページ

3 (1)「温メテレ　故キヲ　而　知レバレ　新シキヲ」を書き下し文にする。

くわしく！ 書き下し文……… チャート式シリーズ参考書 ≫268ページ

(2)①「師」の後に「たる（為ル）」、「たる」の後に「べし（可シ）」を読んでいるので、その順番に読めるように返り点をつける。
②書き下し文の「以《もつ》て師たるべし」で読まれていない字を探す。
(3)この故事からできた言葉は「温故知新」である。

【現代語訳】

先生がおっしゃるには、「過去のことや学説を研究して、新しい知識を発見することができるようになれば、師となることができる。」と。

11 絶句・春望 ↓本冊24ページ

1 (1)ア　(2)一・二
(3)碧（みどり）・白・青・赤〈順不同〉　(4)押韻（韻を踏む）
(5)①江　②山　③ア

2 (1)五言律詩　(2)深・心・金・簪〈順不同〉
(3)一・二　三・四　五・六〈順不同〉
(4)例家族からの手紙　(5)欲《ス》レ 不《ざラント》レ 勝《ヘ》レ 簪《ニ》　(6)ウ

解説

1 (1)一句（一行）が五字で、四句（四行）の詩なので、五言絶句《ごごんぜっく》という。

くわしく！ 漢詩の形式……チャート式シリーズ参考書≫270ページ

(2)「江《かう》は」―「山は」、「碧《みどり》にして」―「青くして」、「鳥は」―「花は」、「逾《いよい》よ白く」―「然《も》えんと欲《ほつ》す」がそれぞれ対《つい》になっている。

くわしく！ 対句とは……チャート式シリーズ参考書≫271ページ

(4)五言絶句では第二・第四句末で押韻《おういん》する。

くわしく！ 押韻……チャート式シリーズ参考書≫271ページ

(5)起句《きく》は第一句、承句《しょうく》は第二句のことなので、①②はそれぞれ第一句と第二句から抜き出す。転句は第三句、結句《けっく》は第四句のこと。故郷に帰りたいという望郷の思いが込《こ》み上げていることを読み取る。

2 (1)一句（一行）が五字で、八句（八行）の詩なので、五言律詩《ごごんりっし》という。
【現代語訳】→チャート式シリーズ参考書326ページ
(2)五言律詩は第二・第四・第六・第八の偶数《ぐうすう》句末で押韻する。
(3)律詩では第三句と第四句、第五句と第六句を対句にするというきまりがあるが、この詩は第一句と第二句も対句になっている。
(4)前の行で「烽火三月《ほうくわさんげつ》に連なり」と、戦いが三か月も続いていることが書かれている。戦乱のために家族からの手紙がなかなか届かず、貴重なのである。
(5)「不」は助動詞にあたるので、書き下し文では平仮名《ひらがな》で書いてあることに注意する。書き下し文で、「簪→勝→不→欲」の順で読んでいるので、「欲」「不」「勝」の左下にそれぞれレ点をつける。

くわしく！ 返り点……チャート式シリーズ参考書≫269ページ

(6)「家書万金《ばんきん》に抵《あた》る」とあるので、作者は家族と離《はな》れた地にいることがわかる。そこで髪《かみ》が抜《ぬ》けていくことから、時の経過を感じて苦悩《くのう》している詩なので、ウが適当。
【現代語訳】→チャート式シリーズ参考書326ページ

古典編　漢文を読む

12 漢文・漢詩

チェック ↓本冊26ページ

1 (1)之を知るを之を知ると為し、知らざるを知らずと為す。
(2)己の欲せざる所、人に施すこと勿かれ。
2 (1)有《レバ》レ 備《ヘ》 無《シ》レ 憂《うれヒ》。　(2)五 十《ニシテ》 而 知《ル》ニ 天 命《ヲ》一。
3 (1)五言絶句　(2)五言律詩　(3)七　(4)八
4 (1)対句　(2)押韻（韻を踏む）

解説

1 (1)レ点はすぐ下の一字から、レ点のついた一字に返って読む。

くわしく！ 書き下し文……チャート式シリーズ参考書≫268ページ

(2)一・二点は、一点のついた字から、二字以上離《はな》れた上の二点のついた字に返って読む。「於」は置き字で、読まないことに注意する。

くわしく！ 主な置き字……チャート式シリーズ参考書≫268ページ

2 (1)書き下し文を見ると「備→有→憂→無」の順番なので、「有」の左下、「無」の左下にそれぞれレ点をつける。

(2) 返り点のない文と書き下し文とでは、「天命を知る」の部分の読む順番が違《ちが》う。「天命」の二字の後に「知」を読むので、一・二点を使う。

くわしく！ 返り点……チャート式シリーズ参考書 ≫269ページ

3 「言《ごん》」は文字数を表し、「絶句《ぜっく》」「律詩《りっし》」は行数で呼び方が変わる。

トライ ⬇本冊27ページ

1 (1) 之を楽しむ者に如かず　(2) 不レ如カ二好ムレ之ヲ者一ニ　(3) ① 好む　② 楽しむ

2 (1) 五言絶句　(2) 一・二

(3) ① 例 蓑と笠を着けた格好。

② 例 寒々とした川に雪が降り続く情景の中。

③ 例 独りで釣りをしている。

解説

1 (1) 「不《ず》レ如《し》カ二楽シムレ之《これ》ヲ者一ニ」を書き下し文にする。「不」は助動詞なので平仮名《ひらがな》にする。

(2) 「之を好む者に如かず」となるように送り仮名と返り点をつける。

2 (2) 「千山《せんざん》」―「万径《ばんけい》」、「鳥飛《ちょうひ》」―「人蹤《じんしょう》」、「絶え」―「滅《めっ》す」がそれぞれ対《つい》になっている。

(3) ① 「蓑笠《さりゅう》の」とある。② 「寒江《かんこう》の雪」とある。③ 「独り釣《つ》る」とある。それぞれ傍訳《ぼうやく》も参考にしてまとめる。

---

13 指示語・接続語

チェック ⬇本冊28ページ

1 (1) 青い小さな花　(2) 赤い屋根のお店

(3) 「千里の道も一歩から」〈「　」はなくても可〉

2 (1) エ　(2) ウ　(3) イ

3 (1) イ　(2) A 理解　B 信頼　(3) 批判や反対意見

4 (1) A エ　B イ　C ウ　(2) ウ

解説

1 (3) 指示語の内容は、それよりも前の部分にあることが多いが、後ろにある場合もあるので注意する。

2 (1) 前の事柄《ことがら》と後の事柄を比べて選ぶことを示している。

(2) 前の事柄に後の事柄を補足している。

(3) 前の事柄から予想されることと逆の事柄が後に続いている。

くわしく！ 指示語をとらえる……チャート式シリーズ参考書 ≫278ページ

3 (2) 前の二つの段落の内容をとらえる。「文化の異なる人たち」と理解し合うことは困難であることと、そのため、「努力」をすることでようやく「互《たが》いの理解」が深まり、「相手からの信頼《しんらい》」を得られるということを述べている。

くわしく！ 接続語をとらえる……チャート式シリーズ参考書 ≫279ページ

4 (1) 空欄《くうらん》の前後をよく読んで、どのような関係になっているかをとらえる。Bの前後は、月には「大気がない」ことに加えて、「重力も地球の六分の一程度しか」ないという文脈。Cは、それまでに述べたことから当然予想される順当な事柄が後に続いている。

(2) 一つめの空欄の前では、人間が生きていくのに必要なものとして「水」を挙げ、後では「大気」を挙げている。二つめの空欄の前の段落では、金星の重力が地球とほぼ同じであり、体への負担がないことを述べていて、空欄に続く文では、金星には大気もあることを述べている。二つの空欄のいずれも、前後を対等に並べている。

トライ ↓本冊30ページ

(1) Aウ　Bイ　Cエ　(2) 影響を与えること〈8字〉
(3) エ　(4) 日本にダー
(5) a 例 概念として浸透し、世界を説明する体系となった〈22字〉
b いろいろな分野に応用できる
(6) イ

解説

(1) Aは、「進化」という言葉の使われ方について、後で例を挙げて説明している。Bは、前の段落の内容をまとめて説明している。Cは、前の内容について、理由を説明している。文末の「～からです。」に着目するとよい。
(2) 直前に「ですから」という接続語があることに着目する。その前の内容が理由になっている。
(3) 前の行の「そうしたこと」と同じ内容を指し、15～17行目の「社会の状況《じょうきょう》や～ニュアンスになる」の部分がその内容にあたる。
(4) 直前の段落で、「進化」という言葉が広がり、一般《いっぱん》化した経緯《けいい》を述べている。

14 段落の構成・段落の要点

チェック ↓本冊32ページ

1 起…イ　承…エ　転…ア　結…ウ
2 したがって
3 (1) イ　(2) ウ
4 (1) Ⅰ [3]〈段落〉　Ⅱ [2]〈段落〉　(2) 鰹節菌を巧

解説

3 (2) [1]段落で話題の提示をし、[2]・[3]段落でヨーロッパの例について述べ、[4]・[5]段落で日本の例について述べている。

くわしく！ 段落の構成をとらえる……チャート式シリーズ参考書 ≫280ページ

4 (1) [2]段落で「例えば」と例を挙げて考察した後、[3]段落で「つまり」とまとめて説明している。
(2) [4]段落では、鰹節《かつおぶし》を乾燥《かんそう》させて保存する技術が江戸《えど》時代からあることを述べ、これは昔からの知恵《ちえ》であるとまとめている。

くわしく！ 段落の要点をとらえる……チャート式シリーズ参考書 ≫281ページ

トライ ↓本冊34ページ

(1) 例 新聞や雑誌を読んでいる光景と、スマホに没入している光景
(2) エ　(3) イ　(4) 周囲の他者とつながるための道具
(5) ア　(6) イ

解説

(1) 設問文に「同じように見えて～異なっている」とあるので、そのような内容を述べているところを探す。[1]段落の最後の文に「同じように見える～二つはかなり意味が異なっている」とある。「この二つ」とは、電車内で人々の「新聞や雑誌を読む姿とスマホに没入《ぼつにゅう》する姿」が見られるという光景のこと。これを空欄《くうらん》にあてはまるようにまとめる。
(2) 7行目に「これらは～儀礼《ぎれい》的に距離《きょり》をとり、特別な興味や関心がないことを示し、相手に対して距離を保っていることを示す重要な道具」とある。また、このようにしながらも周囲の気配は感じ取っており、「周囲に気を配っているとも言える」とある。つまり、「新聞や雑誌」は、周囲に気を配りながらも、あえて無関心を装《よそお》い距離を保つことで、礼節を示すための道具だといえるのである。ウは、「新聞や雑誌」は「周囲の細かい状況をつかむための道具」ではないので誤り。
(3) スマホは「小型軽量」であるが、それは「周囲に迷惑《めいわく》をかけないため」ではない。
(4) 直前に「新聞や雑誌のように」とあることから、この「道具」とは、新聞や雑誌のことだとわかる。新聞や雑誌について述べた[2]段落に着目する。(2)で見たように、新聞や雑誌は、周囲に気を配りながらも、無関心を装い距離を保つことで、礼節を示すための道具であり、これはつまり、「周囲の他者とつながるための道具」なのだとある。この部分を抜《ぬ》き出す。
(5) [1]段落では、混んだ車内の二つの光景について話題を提示し、[2]段落では、人々が「新聞や雑誌を読む」光景について、[3]段落では、人々が「スマホに没入する」光景について述べている。[4]段落では、それぞれどのような空間を作り上げているといえるのかをまとめ、[5]・[6]段落では、このように日常的光景をふりかえって捉《とら》え

直すことを勧《すす》めている。
(6)「繰《く》り返して～雑誌報道等々」の部分は、「私たちが何気なく見ている日常的光景」の具体例である。最後の文の「日常生活世界に～溢《あふ》れている」が重要な部分であることを押《お》さえる。

15 事実と考え・要旨《ようし》

チェック ⬇本冊36ページ

1 事実…ア・ウ・カ〈順不同〉　考え…イ・エ・オ〈順不同〉

2 (1) [1]〈段落〉～[2]〈段落〉
(2) A困難な状況　B故郷の景色　C自分を励ます

3 (1) ③　(2) Ⅰ [2]〈段落〉～[3]〈段落〉　Ⅱイ
(3) 例 問題が現実となる前に、手を打っておかなければならない〈26字〉
〈例 問題が現実となる前にしっかりと手を打っておかなければならない〈30字〉〉

解説

1 事実は、実際にそうであること、考えは、筆者が思ったり考えたりしていることである。文末に着目すると、イの「～だろう」、エの「～べきだ」、オの「～にちがいない」は、思ったことや考えたことを表す表現である。

くわしく！「事実」と「考え」を区別する…チャート式シリーズ参考書 ≫283ページ

2 (1) [1]・[2]段落は、朝刊の内容を紹介《しょうかい》している内容で、事実を述べている。[3]・[4]段落は、朝刊の内容を受けて、筆者が感じたことや考えたことを述べている。

3 (1) ③の「～でしょう」は、筆者が考えたことを表す文末表現である。
(3) 文章を通して筆者が最も伝えたいことをとらえる。この文章のキーワード〈文章中に何度も出てくる重要語〉は、「環境問題」である。人々の認識《にんしき》が「問題が深刻にならなければ深まらない」ということを、[2]・[3]段落で「水草の話」を例に説明した後、私たちがすべきことについて[4]段落で述べている。この部分をまとめる。

くわしく！要旨《ようし》をとらえる……チャート式シリーズ参考書 ≫284ページ

トライ ⬇本冊38ページ

(1) Ⅰ「怒られる」一つに統一されてしまった　Ⅱエ
(2) Ⅰ単に表面的　Ⅱ [7]〈段落〉　(3) 言語化　(4) ウ
(5) 例 心の豊かさとは、私たち自身が自分の心を鍛えない限り、身につかないものだ。〈36字〉

解説

(1) Ⅱ [4]段落で「語彙《ごい》の減少は～につながっている」と筆者の考えを述べている。
(2) Ⅱ [5]段落で「若い人」の言動の例を挙げて[6]段落ではその感想を述べ、[7]段落で「四十代の私の友人も」と別の事例を挙げている。
(5) [11]段落に、文章を通して筆者が最も伝えたいことが述べられている。「～ではなく…」という文の「～」の部分や、比喩《ひゆ》を用いて詳《くわ》しく説明している部分を省略してまとめる。

読解編　文学的文章

16 登場人物・場面

チェック ⬇本冊40ページ

1 (1) 中〈学〉一〈年生〉　(2) 花曇り・桜〈順不同〉

2 (1) イ　(2) 例 童話の本に出てくる意地悪な妖精にそっくりなおばあさん

3 (1) エ　(2) ア　(3) 例 友達を作らない〈7字〉

解説

1 (2)「いつ」の季節か、場面を表す言葉に注目する。「四月」は、「桜」が咲《さ》く時期である。また、桜が咲く時期の曇《くも》った天気のことを「花曇り」という。

くわしく！場面をとらえる……チャート式シリーズ参考書 ≫291ページ

2 (1) 冒頭《ぼうとう》の一文に「私の次女が」とあるので、「私」はシホの父親か母親であることがわかる。選択肢《せんたくし》に「シホの父」とあるので、これが正解。

くわしく！登場人物をとらえる……チャート式シリーズ参考書 ≫290ページ

3 (1) 季節がわかる言葉を探すと、「菜の花」や「寒いせいだろうか」「真っ白な息」が見つかる。「菜の花」は冬の終わりごろ～春にかけて咲《さ》く花である。「真っ白な息」から、気温が低い季節であることがわかる。

トライ ⬇本冊42ページ

(1) 佐々野
(2) Ⅰ 例 一年生に絵本の読み聞かせをする役。〈17字〉
Ⅱ A 戸田くん　B 広瀬くん
(3) 読み方がへたでもちゃんと内容は伝わる
(4) Ⅰ 背伸びなん　Ⅱ おばあちゃん　(5) イ
(6) わたし…エ　広瀬くん…ア　(7) 給食が終わ

解説

(3) 「わたし」は、広瀬《ひろせ》くんの言葉を聞いて、「不思議なことに～わかってくれていた」と喜んでいるので、直前の広瀬くんの言葉の中にある内容だとわかる。

(6) 「わたし」と「広瀬くん」の人物像がわかる表現に着目する。3行目「ふだんはわたし以上に広瀬くんは無口だった」からは二人の人物像、15行目「わたしでよければ力になりたかった」や、17行目『あの～いいと思う……。』」などの話し方からは「わたし」の人物像、19行目「真剣《しんけん》な表情で」、23行目「不思議なことに～わかってくれていた」からは広瀬くんの人物像がわかる。

17 心情・理由

チェック ⬇本冊44ページ

1 エ
2 (1) エ
(2) 例 美しいブラウスを着られることに感動し、幸せを感じたから。〈28字〉
3 (1) ウ　(2) イ

解説

2 (1) 直後の三芙美《みふみ》の言葉に着目する。「デザイン」について経緯《けいい》を説明し、最後には「則子《のりこ》の好きなようでええんよ」と言っていることから、自分の考えたデザインが則子の気に入らないのではと心配していることがうかがえる。ウは、「則子が自分でデザインしたがっていた」かどうかは文章からは読み取れないため誤り。

(2) 最後の則子の言葉から、則子が泣いている理由が読み取れる。美しい布地で作ったブラウスを着られるから、というだけではなく、そのことに感動し、幸せを感じたという気持ちを含《ふく》めてまとめる。

くわしく! 理由をとらえる……… チャート式シリーズ参考書 ≫293ページ

3 (2) 練習を終わりにすることになり、片づけ始めたときの「重たい空気が～ようだった」などの表現から、未来《みく》が練習でミスを重ねて気持ちが沈《しず》んでいることがわかる。そして、咲《さき》をほめた言葉が「うらみがましく」なったとあることから、咲に引け目や対抗《たいこう》心のようなものを抱《いだ》いていると考えられる。咲の返事に対しても「他意」を深読みし、「いつもと同じ」ようにすることができない自分を咲が責めているのではないかと感じて、暗い気持ちが胸の中に広がっているのである。

くわしく! 心情をとらえる……… チャート式シリーズ参考書 ≫292ページ

トライ ⬇本冊46ページ

(1) A 別の花器に活ける　B シミュレーション　C エ
(2) 枝のどの辺に葉っぱが何枚どちら向きについていたか
(3) エ　(4) ウ
(5) 例 真面目で気配りができて、友達のことをいつも大事にする〈26字〉
(6) Ⅰ 例 紗英ではなく自分がほめられたから。　Ⅱ ア

解説

(4) 紺野《こんの》さんは、直前の「それはたいしたものね」という「私」の言葉に同意してうなずいている。紗英《さえ》の記憶《きおく》力についての説明を聞いて、「私」が感心していると思っているのである。実際は、「私」は紗英の記憶力ではなく活け花に対する情熱をほめたいと感じているが、紺野さんにはそこまでは伝わっていないと考えられる。

(5) 35行目「真面目に～基本だ」や、37行目「真面目で～しているし」という「私」の考えや言葉に理由が説明されている。

(6) Ⅰ 紺野さんは、「私」が紗英の能力についてほめていると思っていたのに、自分のことを言われたために驚《おどろ》いたのである。Ⅱ 「頬《ほお》を赤らめる」のは、気持ちが高揚《こうよう》したり恥《は》ずかしくなったりしたとき。「私」の言葉がうれしくもあり、おそれ多くも

あって照れている紺野さんの気持ちが表れている。

18 表現・主題

チェック ➡本冊48ページ

1 (1)オ　(2)ウ　(3)カ　(4)イ　(5)エ　(6)ア
2 (1)ウ　(2)イ
3 (1)①反復　②擬人法　(2)イ　(3)イ

解説

1 (1)「ようだ」などの言葉を用いずにたとえているので、隠喩《いんゆ》。
(3) 木の葉（＝人でないもの）を人に見立てているので、擬人法《ぎじん》。

くわしく！　表現の工夫《くふう》や文章の特徴《とくちょう》をとらえる…　チャート式シリーズ参考書　≫295ページ

2 (1) 言葉の順序を通常と逆にすることで印象を強めている。アは対句《ついく》、イは直喩《ちょくゆ》、エは隠喩《いんゆ》が使われている。
(2) たとえレギュラーになれなくても、野球が好きだから中学でも野球部に入るという智《さとし》の言葉を聞いて、徹夫《てつお》は肩《かた》の力が抜《ぬ》け、頬《ほお》がゆるんでいる。勝ち負けや結果を気にせず、好きだという気持ちで物事を楽しむことの大切さが描《えが》かれているといえる。

くわしく！　主題をとらえる……………　チャート式シリーズ参考書　≫296ページ

3 (1)②「体自身」を意思をもった人間のようにたとえている。
(3) 体を動かすことから遠ざかっていた「ぼく」が、二年ぶりに真剣《しんけん》に走り、「足がなかなか前に進まない」けれども、「体はよろこんでいる」「もっともっと動こうぜ」などと、走ることを楽しんでいる様子を読み取る。

トライ ➡本冊50ページ

(1) イ
(2) あまりにも違うのだ。――自分とは。　(3) ウ
(4) 例亀乃介が外国へ行き、芸術家としてさまざまな国の人と交流する日。
(5) イ　(6) イ

解説

(2) 傍線《ぼうせん》部に用いられている表現技法は、倒置《とうち》である。同様に、言葉の順序が逆になっているところを探す。
(3) リーチは亀乃介《かめのすけ》の「誰《だれ》かと会話を成立させたい、心の交流をしたい」と願う気持ちや、そのために言葉を学んで上達させる姿勢を「すばらしい」と考えている。リーチは「各国の芸術家たちが、海を渡《わた》り～交流する未来が見える」と言っていて、その未来には、このようなことこそが芸術家の素質として必要だと考えているのである。
(4) ここでの「海を渡《わた》る」は、外国へ行くことを指している。また、主語は「君」で、亀乃介のことである。芸術家たちが国境を越《こ》えて交流する未来に亀乃介もいることを予言しているのである。
(6) 美術学校で一日を過ごし、意気消沈《いきしょうちん》していた亀乃介が、リーチとのやりとりを通じて新たな考え方を知り、希望を抱《いだ》く様子を読み取る。44行目「だから君にも～海を渡る日がくる」というリーチの言葉がきっかけとなり、49行目「亀乃介は～気がした」と明るい気持ちになっている。

読解編　韻文

19 詩

チェック ➡本冊52ページ

1 (1)イ　(2)ウ　(3)エ
2 (1)ア　(2)ア・ウ〈順不同〉　(3)イ

解説

1 (1)「ようだ」など歴史的仮名遣《かなづか》いが用いられているが、文法的には現代の言葉（口語体）で書かれているので口語詩。また、決まった音数にはなっていないので自由詩。

くわしく！　詩の種類……………　チャート式シリーズ参考書　≫302ページ

(2)「ようだ」という言葉を用いてたとえているので、直喩《ちょくゆ》である。

くわしく！　詩の表現技法……………　チャート式シリーズ参考書　≫302ページ

(3) 蟻《あり》が蝶《ちょう》の羽をひいて土の上を行くという目の前の小さな世界から、ヨットが大《おお》海原《うなばら》を進むという壮大《そうだい》な世界をイメージし、自然や生物の姿から受けた感動を表していることを読み取る。

くわしく！ 詩を鑑賞《かんしょう》する……チャート式シリーズ参考書 ≫303ページ

2 (1) 現代の言葉（口語体）で書かれているので口語詩。また、すべてが決まった音数にはなっていないが、「野山も、里も」～「朝日に　におう」までの各行が七音、「さくら　さくら」が六音になっているなど、一定の音数に近いことから定型詩と判断する。

トライ ↓本冊53ページ

(1) イ　(2) エ

(3) A 地上　B やすらぎ　C 希望

(4) イ

解説

(2) 木（＝人でないもの）を人に見立てているので、擬人《ぎじん》法。

(4) 「不思議な温かさがある」「何十年　何百年の～積もっている」「自信が満ちあふれている」「やさしく抱《だ》いていた」などの表現に着目して詩に描《えが》かれた内容を読み取る。

20 短歌・俳句

チェック ↓本冊54ページ

1 (1) A 初〈句切れ〉　B 三〈句切れ〉

(2) A その子二十　B 一つ夕焼けの

(3) ア・ウ〈順不同〉

2 (1) A 季語…露　季節…秋

B 季語…夕立　季節…夏

(2) 切れ字…や　二〈句切れ〉　(3) B

解説

1 (1) 歌の意味上の切れ目を探す。Aは「その娘《むすめ》は今二十歳《さい》。櫛《くし》ですくと流れるような黒髪《くろかみ》の誇《ほこ》りに満ちた青春の美しさであることだなあ」という意味。

くわしく！ 短歌の形式・句切れ・表現技法…チャート式シリーズ参考書 ≫304ページ

(2) 五・七・五・七・七の基本より音数の多いものが字余りである。Aは、初句の「その子二十《はたち》」が六音、Bは、第四句の「一つ夕焼けの」が八音である。

(3) 「つばくらめ～水泳ぐ」と「一つ～染まりて」の部分が倒置《とうち》になっている。また、「つばくらめ空飛び」と「われは水泳ぐ」の部分が対句《ついく》になっている。

2 (2) 句の意味上の切れ目を探す。「や」が切れ字なので、その直後が句切れとなる。

くわしく！ 俳句の形式・季語・句切れ……チャート式シリーズ参考書 ≫304ページ

(3) Bは、五・七・五の基本の音数ではなく、自由な音律になっている。

トライ ↓本冊55ページ

1 (1) 例 母を背負ったら、体重があまりにも軽かったので、母が年を取ったことを感じて悲しくなったから。

(2) 麦わら帽子のへこみ〈9字〉　(3) Ⅰ C　Ⅱ B

2 (1) イ　(2) 二輪の寒牡丹

(3) B

解説

1 (3) 短歌に描《えが》かれた情景や、作者の感動の中心をとらえる。Ⅰは、鑑賞文《かんしょう》に「ふと見上げた空の果てしない広さ」とあるので、Cの「ローラーに座《すわ》れば世界中が夕焼け」という情景があてはまる。Ⅱは、「何げない～かけがえのなさを感じている」とあるので、「麦わら帽子《ぼうし》のへこみ」が大切な思い出の一つのようで、そのままにしておきたいという作者の気持ちを詠《よ》んでいるBがあてはまる。

くわしく！ 短歌・俳句を鑑賞する……チャート式シリーズ参考書 ≫305ページ

2 (2) 「ごとく」とあるので、直喩《ちょくゆ》。「まるで日（＝太陽）と月のように二輪の寒牡丹《かんぼたん》が咲《さ》いている」という意味である。

(3) 俳句に描かれた情景や、作者の感動の中心をとらえる。「噴水《ふんすい》」のしぶきが上がる「街」の様子を描いているBがあてはまる。

21 話し合い・発表・グラフ

チェック ↓本冊56ページ

(1) A 1　B 2　C 3　D 4　E 5〈C・D・Eは順不同〉
(2) ア

解説

(1) Aは、礼子《れいこ》さんの発言から、「割合がいちばん多」い項目《こうもく》だとわかるので、1があてはまる。Bは、恵太《けいた》さんの発言に、これを挙げる人が「半数以上」いるとあり、「家族から〜日常的に使う」とあることから、2があてはまる。C・D・Eは、文雄《ふみお》さんの発言に、「学校関係の項目」とあるので、学校に関係している3・4・5があてはまる。

(2) 礼子さんの発言の中に、「職場体験活動は〜貴重な機会だと思います」とあり、アの内容と一致《いっち》する。

くわしく！ 資料を読み取る……チャート式シリーズ参考書 ≫309ページ

トライ ↓本冊57ページ

(1) C　(2) ウ　(3) もったいないという意識

解説

(1) 「資料」は、「日本の一般《いっぱん》家庭における食品ロスの内訳」を示したものなので、「発表原稿《げんこう》」の中で、その内容にふれているところを探す。Cの部分で、食品ロスの内訳について具体的に説明しているので、この部分で示すのが効果的である。

(2) 選択肢《せんたくし》の言葉は「資料」の円グラフの項目《こうもく》と対応している。まず、それぞれの言葉の説明を「発表原稿」のCの部分と対応させてとらえる。食品ロスの中で「最も多い」とあるのが「過剰除去《かじょう》」で、「調理をするときに〜取り除いたりすることによって出るもの」のことである。これが「メモ」のどの項目と関連するかを考えると、②の食材の処理方法が「過剰除去」を減らす案にあたるとわかる。

「次に多い」とあるのが「食べ残し」で、「食事の作りすぎなどによる」ものとある。「メモ」のうち、③の残ったものをほかの料理に作りかえる方法が、「食べ残し」を減らす案にあたる。

「その次に多い」とあるのが「直接廃棄《はいき》」で、「買ったものを食べずに期限が切れてしまい、そのまま捨てるもの」のことである。「メモ」のうち、①の「消費期限」と「賞味期限」の違《ちが》いの説明が、「直接廃棄」を減らすために知っておくべき知識にあたる。

入試対策テスト① ↓本冊58ページ

❶ (1) 博雅三位（三品）　(2) ア　(3) いうよう
(4) 例 三位のひちりきの音色が趣深く高貴で、悪い心が改まったから。〈29字〉
(5) ウ

❷ (1) 聖 人 終 身 言フモレ 治ヲ　(2) 言
(3) Ⅰ 例 まねをする　Ⅱ ア

解説

❶ (1) 古文では、主語が省略されることも多く、ここは文脈から判断する。盗人《ぬすびと》が帰った後、はい出て家の中を見た、という文脈なので、主語は「博雅三位《はくがさんみ》」。

(3) 語頭以外の「は・ひ・ふ・へ・ほ」は「わ・い・う・え・お」に直し、「au」は「ô」に直す。

くわしく！ 歴史的仮名遣《かなづか》い……チャート式シリーズ参考書 ≫232ページ

(4) 直前の「只今《ただいま》の〜かへしたてまつるべし」という盗人の言葉から読み取る。

(5) 「いうなり」は「すぐれていて立派だ。優美だ」という意味。ひちりきの音色によって盗人が悪い心を改めたという点から考える。

【現代語訳】

博雅三位の家に、盗人が入った。三位は、板敷《いたじき》の下に逃《に》げて隠《かく》れた。盗人が帰り、その後、（三位が）はい出て家の中を見ると、残された物はなく、盗人がみな盗み出してしまっていた。ひちりき一つを棚《たな》に残していたのを、三位が手に取ってお吹《ふ》きになっていたのを、出て行った盗人が、遠くでその音色を聞き、感情がおさえられなくなって、戻《もど》ってきて語ることには、「たったいまのひちりきの音色をお聴《き》きすると、趣《おもむき》深く高貴な音色でありまして、悪い心がすっかり改まりました。盗んだ物はすべてお返しいたしましょう」と言って、すべて置いて出て行った。昔の盗人は、またこのように、風流を理解する心もあったのだなあ。

❷ (1) 「治」から「言」に一字返って読むので、「言」の左下にレ点をつける。

くわしく！ 返り点……………………… チャート式シリーズ参考書 ≫269ページ

(2) 「其《そ》の詩に非《あら》ざるなり」と「其の言《げん》に非ざるなり」が対応している。

(3) Ⅰ 「鸚鵡《あうむ》能《よ》く～得ざればなり」から考える。鸚鵡が人の言葉を発する（身につける）ことができるというのは、人の言葉のまねをしているだけだということである。

Ⅱ 「つまり」という語から、Bさんの発言を言いかえて説明していることがわかる。後世に名前を残せるような人物は、先人の足跡《そくせき》をなぞるのではなく、自分自身の考え（＝根本となるもの）をもっているということである。

【現代語訳】

聖人は生涯《しょうがい》国の治め方について発言するが、（人を動かすために）用いるのは、言葉ではないのである。発言のもととなる心を用いるのである。歌う者は詩を歌う。しかし、人に歌をうまく歌わせるものは、その詩ではないのである。

鸚鵡は言葉を発することができるが、言葉を上達させることはできない。これはどういうことかというと、つまり、人の発する言葉を身につけられるが、その発言のもととなる心を得られないからである。

したがって、先人の足跡をなぞる者は、自分の足跡を残せる人物ではないのである。

入試対策テスト②

➡本冊60ページ

(1) a かごん　b いったん　c つ　(2) イ

(3) 例 自分の固有の立場を持ち、周囲のさまざまな情報を切り取り、その情報について自分のことばで語る〈45字〉

(4) 初め…自分の「考　終わり…という活動

解説

(3) 直後の段落で「どのような課題があるのでしょうか」と問題提起をし、情報とのかかわりについて論じた後、第七段落で「大切なことは～ないでしょうか」と筆者の考えを述べている。この部分を中心に、指定の言葉を入れてまとめる。

くわしく！ 筆者の考えをとらえる…… チャート式シリーズ参考書 ≫284ページ

(4) 最終段落の4行目に「対話という行為《こうい》は～（相互《そうご》関係的）な活動」とある。これを具体的に説明しているのが最終段落の1行目の「自分の『考えていること』を～考えていくという活動」の部分である。

入試対策テスト③

➡本冊62ページ

(1) エ　(2) ア・ウ〈順不同〉　(3) ウ

(4) 例 紺野先生が無線機の送信機を卵の近くへ置いたことで、少年だけが殻の破れる最初の瞬間に立ち合えた〈という出来事。〉〈46字〉

解説

(2) それぞれの読みを、音をカタカナ、訓を平仮名《ひらがな》で表すと、ア「あまグ」、イ「バンぐみ」、ウ「にモツ」、エ「わかもの」、オ「チャクリク」となる。

くわしく！ 二字熟語の読み方………… チャート式シリーズ参考書 ≫200ページ

(3) 非常に風が強い様子や、少年の落ち着かない様子などが紺野《こんの》先生の目を通して描《えが》かれており、短い文を多く用いることで臨場感を高めている。

くわしく！ 表現の工夫《くふう》や文章の特徴《とくちょう》をとらえる… チャート式シリーズ参考書 ≫295ページ

(4) 直前の「先生、もしかしたら～ぼくだけですか」から傍線《ぼうせん》部の「ええ、もちろん」までの「少年」と紺野先生とのやりとりを聞いたことで、その場にいた生徒たちが羨《うらや》んでいる。

くわしく！ 理由をとらえる…………… チャート式シリーズ参考書 ≫293ページ